Furei a
BOLHA

THAIS BORGES

Furei a BOLHA

Esta é uma publicação Trend, selo exclusivo da Ciranda Cultural
© 2024 Ciranda Cultural Editora e Distribuidora Ltda.

Texto © Thaís Borges	Produção editorial Ciranda Cultural
Editora Nayra Ribeiro	Diagramação Linea Editora
Preparação Fernanda R. Braga Simon	Design de capa Aezita Almeida
Revisão Fernanda R. Braga Simon	Ilustrações Alexandre de Assis

Dados Internacionais de Catalogação na Publicação (CIP) de acordo com ISBD

B732f Borges, Thais.

     Furei a bolha: saia do automático, rompa padrões e reprograme seu destino / Thais Borges. - Jandira, SP : Trend, 2024.
     160 p. ; 15,50cm x 22,60cm.

     ISBN: 978-65-83187-21-5

     1. Autoajuda. 2. Autobiografia. 3. Negócios. 4. Finanças. I. Título.

                      CDD 158.1
2024-2247   CDU 159.92

Elaborado por Lucio Feitosa - CRB-8/8803

Índice para catálogo sistemático:
1. Autoajuda : 158.1
2. Autoajuda : 159.92

1ª edição em 2024
www.cirandacultural.com.br
Todos os direitos reservados.
Nenhuma parte desta publicação pode ser reproduzida, arquivada em sistema de busca ou transmitida por qualquer meio, seja ele eletrônico, fotocópia, gravação ou outros, sem prévia autorização do detentor dos direitos, e não pode circular encadernada ou encapada de maneira distinta daquela em que foi publicada, ou sem que as mesmas condições sejam impostas aos compradores subsequentes.

Dedicatória

Escrever este livro foi muito mais do que simplesmente contar uma história. Foi uma jornada íntima de reflexão, aceitação e superação. Cada palavra é um reflexo de uma trajetória marcada por desafios intensos, vitórias significativas e, acima de tudo, uma resiliência inabalável. E ao longo deste caminho, nunca estive sozinha.

Em primeiro lugar, meu agradecimento mais profundo vai para minha família. Meus pais, meu irmão e, especialmente, meus filhos, Esther e Davi. Vocês são minha âncora, meu farol, minha maior fonte de força e inspiração. Cada conquista é dedicada a vocês, que me lembram todos os dias porque eu luto e o que realmente importa na vida.

Às mulheres extraordinárias que surgiram em meu caminho como verdadeiros anjos, começando por minha psicanalista,

Adriana, que há quase duas décadas me guia no fascinante e desafiador processo de autoconhecimento. Suas palavras e orientação têm sido fundamentais para que eu me torne a mulher que sou hoje. E a outras líderes que, antes mesmo de eu acreditar em mim mesma, já acreditavam, como Dri Pimentel e Simone. Vocês foram e continuam sendo uma fonte de inspiração e admiração, essenciais na minha trajetória.

Às amigas queridas, das mais antigas como a Tatazinha, cuja presença perpassa estas páginas, até as mais recentes, como a Antonella, Carol Paiffer, Nay Mota, Su Jung e a Tici Rolim, que caminham ao meu lado. O apoio delas para que eu escrevesse este livro foi um dos impulsos que me trouxeram até aqui. E é claro, a Sandroca, minha companheira e irmã que a vida me deu. Mais que amizade, suas irmandades são um presente inestimável

Aos meus colegas de trabalho, que ao longo dos anos não apenas me apoiaram, mas também me desafiaram a ver o mundo com novas lentes, sempre me encorajando a ir além. Vocês fazem parte integral desta jornada. À minha equipe, em especial, que sempre esteve ao meu lado, acreditando no impossível e demonstrando que, juntos, podemos superar qualquer obstáculo.

Aos meus mentores, parceiros e sócios na Systax, aos times da Bossainvest, Instituto Êxito, Ella Impacta e tantas outras iniciativas nas quais tive o privilégio de colaborar, meu mais sincero agradecimento. Vocês não só contribuíram para o meu crescimento profissional, mas também me ensinaram a valiosa lição de compartilhar conhecimento e apoiar os outros em suas jornadas.

E, finalmente, a querida Rachel Maia, que me presenteou com o a sua amizade e com o prefacio desse livro, a equipe incrível que me ajudou a tirar esse sonho do papel e a todos aqueles que, assim como eu, enfrentaram ou ainda enfrentam barreiras – sejam elas pessoais ou profissionais. Este livro é para vocês. Que minha história sirva como um lembrete de que, independentemente da sua cor, origem ou circunstâncias, é possível "furar a bolha" e conquistar o que antes parecia inatingível.

Aos leitores, que agora fazem parte desta jornada, agradeço por me permitirem compartilhar minha história com vocês. Espero que encontrem nestas páginas não apenas uma narrativa de superação, mas também um convite à coragem e à determinação em suas próprias caminhadas.

Thaís Borges

Sumário

Prefácio — 11

1. Uma menina "revoltada"(ou inconformada?) — 15
2. Minha primeira fortaleza: a comunidade — 23
3. Confiante em minha própria pele preta — 29
4. Bem melhor sorrir do que chorar — 37
5. Glamour e preconceito — 43
6. Como "cavar" uma vaga — 49
7. A operadora de telemarketing que deu certo — 57
8. As fortalezas para furar a bolha — 65
9. O que de pior pode acontecer com você? A importância do autoconhecimento — 75
10. "Faz parte do meu desafio" — 83
11. De "euquipe" a superequipe — 89
12. A sina de ser a primeira — 111
13. Meu papel como liderança feminina — 121
14. A intraempreendedora que teve... sorte? — 129
15. Exibida, sim! — 135
16. Meu mundo em expansão — 141
17. Transformando contextos: uma jornada de responsabilidade e mudança — 149
18. O que de melhor pode me acontecer? — 155

Prefácio

Thaís Borges é uma fortaleza e sua história, um verdadeiro aprendizado de foco e perseverança. Este livro é um lembrete poderoso de que lideranças femininas negras são importantes. Não só por ocuparmos o espaço que nos foi negado por tanto tempo, como também por destacar que a nossa presença é a prova viva de que nossos sonhos são válidos e merecem ser realizados. Os resultados do nosso trabalho e competência falam por si só.

Nas próximas linhas, o leitor encontrará os relatos de uma mulher preta e periférica que rompeu os obstáculos da escassez e do racismo para validar sua existência. Ela furou a bolha, seguiu trilhando seu caminho de maneira autêntica e, com toda perspicácia necessária para enfrentar os desafios do mundo corporativo, torna-se uma executiva reconhecida por seu talento ao entender como ninguém as dores e necessidades de seus clientes. Muito mais até do que furar a bolha, Thaís contextualiza em sua biografia a relevância do autoconhecimento e do cuidado pessoal para vencer desafios – de operadora de *telemarketing* ao cargo de executiva, no qual as oportunidades de acesso a colocaram no caminho da posição que alcançou como diretora e sócia da Systax, empresa de inteligência fiscal que está há quase 15 anos no mercado alem de outros diversos papéis que ela ocupa.

Especialista em vendas e liderança, ela nos apresenta um modelo de inovação em formato de mentoria estratégica sobre fazer uso das ferramentas disponíveis para melhorar cada vez mais o desempenho e aperfeiçoamento profissional e pessoal. Ela ressalta a importância de agregar valor ao conhecimento adquirido para cavar oportunidades de maneira sistêmica e consistente. Thaís é categórica ao validar sua trajetória a fim de oportunizar a outras tantas mulheres (em especial, as negras) um olhar crítico sobre os espaços onde estão inseridas e onde podem chegar (os caminhos são muitos e estão diante de nós em vários formatos). Mas, para isso, é necessário potencializar a nossa existência, ir ao encontro de nosso objetivo e fazer valer a frase que serve como mantra para todos nós: "O que de melhor pode me acontecer?"

Para quem quer se destacar no mundo dos negócios a grande lição desta biografia é: concentrar-se apenas no que realmente importa!

Com carinho e admiração,
Rachel Maia

Uma menina "revoltada" (ou inconformada?)

O mês tinha sido bom. Então, meu pai resolveu fazer um programa inédito com a gente: jantar numa lanchonete. Entramos no local e ele escaneou o ambiente com os olhos. Incomodado, já disse para minha mãe:

— Vambora, Margarida, vambora!

— Mas por quê, pai? – eu perguntei.

— Só tem branco neste lugar.

Saí do local protestando, porque não achava justa a decisão dele. Tínhamos o direito de comer onde bem entendêssemos. Mas a visão de José Carlos era outra: ele queria nos proteger. Em sua concepção, estava evitando episódios de preconceito pelos quais poderíamos passar. Não era coisa da cabeça dele, não era paranoia. Ele sabia o que estava fazendo, porque já tinha vivido muitas situações constrangedoras por ter a pele preta. Ele preferia se retirar a permitir que seus filhos fossem expostos da mesma maneira que já havia sido tantas vezes.

Já eu não ligava de ser figurinha premiada, de ser a única preta no meio dos brancos. Acho que, desde que me lembro, tive uma certa revolta dentro de mim, um certo inconformismo por não poder certas coisas. Eu sei, meu pai queria me colocar em uma redoma de amor, no entanto nada me convencia a aceitar que eu deveria viver dentro dos limites da periferia, circulando apenas em lugares onde pretos circulam, sonhando os sonhos que pessoas com poucas oportunidades "deveriam" sonhar.

Nasci na periferia da Zona Norte da cidade de São Paulo e, até os cinco anos, morava junto dos meus avós, tia e tios, primos... Apesar de sermos de família humilde, sempre soubemos que ao menos um teto, um puxadinho no terreno dos meus avós maternos, teríamos. Assim, vivíamos em uma comunidade, para a qual dei o apelido de quilombo. Cada um da família tinha sua casa – ou seu quarto e banheiro – naquele terreno na periferia. Meu irmão e eu crescemos ali, convivendo com toda a família bem de perto, com todo o carinho e as influências em nossa educação vindo de todos os lados, incluindo as mais diversas opiniões, crenças e valores.

Nessa época, meu pai tinha dois desejos: uma casa própria e nos dar uma criação diferente – e melhor – daquela que ele e minha mãe tiveram. Ele nasceu no Recife e veio para São Paulo ainda criança, atrás dos sonhos dos meus avós de ter uma vida melhor na grande capital. Não teve oportunidade de estudar, fez só até a quarta série do primário. Teve uma vida bastante humilde e, aos dezessete anos, já namorando a minha mãe, deparou-se com a notícia da gravidez dela. Então, resolveu se casar e construir sua família antes de chegar à maioridade.

Ele sempre foi um homem esforçado, tornou-se impressor off-set de uma grande indústria gráfica, mas tinha dificuldade de se manter nos empregos. Como era um bom profissional, mesmo não permanecendo muito tempo em uma empresa, conseguia outra oportunidade. Ainda assim, ser funcionário não era o seu objetivo. Ele sonhava em ter seu próprio negócio e sempre nos dizia que deveríamos andar com pessoas melhores do que nós para nos tornarmos cada vez melhores. Ouvindo os conselhos da igreja de não deixar o mundo influenciar seus filhos e de não permitir que eles "debandassem" para outras crenças, meu pai decidiu que era hora de a nossa família ter um lugar só nosso para viver. A decisão não era fácil, pois a mudança para uma casa exclusiva era um luxo que requeria recursos financeiros que ele não tinha. Mesmo assim, ele se esforçou para morarmos em outro lugar. Acabou encontrando uma moradia que caberia no orçamento, oferecida por um amigo do trabalho, que não teve condições para finalizar a sua construção, entre os bairros de São Miguel e Guaianases, em outra região periférica, agora na Zona Leste paulistana, num lugar chamado Jardim Robru.

Meu pai comprou o imóvel e mudamos do quilombo. Apesar de a casa ser boa, sequer estava terminada. Nos primeiros meses não tínhamos chuveiro, pois o encanamento não estava finalizado. Tomávamos banho de "canequinha" em uma construção velha na parte da frente do terreno. A casa era feita de tijolos baianos e, dentro de casa, conseguíamos ver o que acontecia na rua pelos buracos. Apesar das melhorias constantes feitas pelo meu pai, o local era muito próximo a uma comunidade um pouco perigosa, com vários pontos de distribuição de drogas por perto, o que dificultava o movimento no local no período da noite.

Meu pai não tinha carro e ficamos bem longe da família. As visitas que recebíamos, na maioria das vezes, eram dos irmãos da igreja, e, quando isso acontecia, era o céu na terra para nós. Apesar de a casa ser muito boa, nós nos mudamos após quatro anos, com ela ainda sem finalizar, pois, quando fomos para lá, não tínhamos ideia dos desafios com segurança e distância. A chance de mudarmos novamente surgiu porque um dos irmãos da liderança da igreja resolveu voltar com a família para sua cidade natal e vender sua casa em São Paulo, localizada no Bairro do Cambuci. Quando meu pai soube, viu isso como uma grande oportunidade, pois era um bairro na região central de São Paulo e, apesar de a diferença de valores ser grande em relação a nossa casa, ele conseguia um parcelamento da diferença diretamente com o irmão da igreja que estava vendendo. Uma facilidade que só podia ser uma bênção vinda de Deus!

Quando mudamos para o Cambuci, nossa vida mudou completamente. Vizinhos melhores, acesso mais rápido e fácil a tudo. A alegria, no entanto, durou pouco tempo. Alguns meses depois, meu pai percebeu que o passo foi maior que a perna e que ele não conseguiria pagar as prestações. Minha mãe tentava ajudar a complementar a renda vendendo as balas de coco que fazia, mas era muito pouco. Foram várias conversas e renegociações com o irmão da igreja, mas não se tratava apenas de amizade e de boa vontade: ele também contava com os valores para liquidar sua casa recém-comprada na cidade para onde havia mudado.

Recordo que chegavam as cartas dele, e meu pai dizia para minha mãe: "Margarida... carta do irmão Almir". Com os olhos cheios de lágrimas, ele lia para nós em voz alta, e ficávamos muito mal com aquela situação. Eu tinha nove anos e me lembro de que chorava ao ver meu pai naquela tristeza. Ele, que já trabalhava mais de doze horas para aumentar a renda, disse para minha mãe que arrumaria um trabalho noturno como ajudante de caminhão no Mercado Municipal em São Paulo. Iniciou a jornada dupla, mas não aguentou por muito tempo. Era cansativo demais! Ele quase não dormia.

Assim como todos da família, meus pais se viravam como podiam e não desistiam de vencer na vida, e mediante aquela situação tiveram que entregar a casa. Não havia ninguém na família com nível superior nem formação alguma. Muitos se tornaram empreendedores por necessidade. Uma tia fazia bolos de festa para vender (até hoje ela é uma boleira espetacular). A outra tia era especialista em salgados. E a pessoa que mais ganhava bem na família era o meu tio, que trabalhava nos Correios, era carteiro. Eu me lembro de que ele era a referência mais próxima de mundo corporativo que eu tinha, e era considerado a pessoa mais abençoada do quilombo do ponto de vista financeiro, mas tinha alguns desafios no que tange ao controle do seu dinheiro.

Vivíamos felizes, mas eu não aceitava o que as pessoas do meu convívio tentavam plantar em minha cabeça como verdade. Eu sei que tudo o que eles me diziam era com o intuito de me proteger e evitar que eu sofresse ao ver que o mundo daria as costas para mim. Eles queriam me mostrar que o melhor era eu seguir minha vida com eles e como eles. Mas eu não deixava por menos e, sempre que tinha oportunidade, fazia questão de mostrar que poderia mais e tinha minhas ambições. Quando estava na hora de meu pai chegar em casa, minha mãe me fazia correr para ajudá-la a arrumar a casa. Ela ficava doida, porque eu nem fazia a minha cama, e questionava:

— Como é que você vai se casar desse jeito, Thaís? Como você vai ter um marido, se arruma nem a sua cama?

E eu respondia:

— Mãe, quando eu crescer eu vou ter empregada.

Ela argumentava que até para mandar eu teria que saber fazer – estava certa –, mas o fato é que ela me achava muito sonhadora. Ria da minha cara, talvez imaginando o quanto eu poderia me frustrar ao ter esses objetivos fora da nossa realidade. Eu ficava morrendo de raiva. Não me contentava com aquelas regras que diziam o que poderia ser o meu único mundo. Natural que eu fosse incompreendida. Eu mesma não sabia como poderia chegar a ter uma vida diferente de todos da minha família. Não havia ninguém ali que tivesse furado a bolha e fosse exemplo de que era possível.

Por mais que meus pais tentassem me proteger, eu não estava imune à rejeição social. Durante dois anos, os primeiros anos do fundamental, eles fizeram um esforço danado para conseguir pagar a mensalidade de uma escola particular do bairro, adventista. Sofri muita rejeição por causa do meu cabelo e da minha cor. Era a única preta da sala. Passava por humilhações e vivia excluída. Engolia em seco cada um dos episódios e guardava aquilo só para mim. Não contava para ninguém, nem para minha mãe. Nem me lembro com clareza. Acho que minha mente preferiu deletar e focar em outras coisas que me faziam sentir bem. Mesmo com a realidade me dizendo que talvez aquele não fosse o meu lugar, eu dava um jeito de me agarrar ao que me colocava em posição de destaque e mais confortável. Na escola, eram as notas. A professora me elogiava, e eu aprendi logo cedo que aquilo poderia ser minha fortaleza. Mas, apesar de ser boa aluna, passei muito tempo brincando sozinha em casa.

Depois daqueles dois anos, a situação financeira dos meus pais piorou, e voltei para a escola pública. Eu não me adaptava a nenhuma. Todo ano eu mudava de escola e nunca me sentia pertencente àquele contexto. A cada ano estava em uma escola diferente. Uma das razões para que eu não parasse em escola alguma eram as mudanças de casa. O outro motivo – que confesso ter sido o maior deles – era que eu não me encontrava em nenhuma delas. Não me via parte daquele mundo. Eu não criava vínculo com ninguém. Nem o lanche da escola eu conseguia comer. Nem quando tinha o mais gostoso, que era cachorro-quente.

Conforme a vida foi me apresentando oportunidades compatíveis com o que eu queria para a minha vida, fui abraçando cada uma delas e colecionando minhas fortalezas.

Minha primeira fortaleza: a comunidade

Sem nunca conseguir me encaixar nos contextos das escolas que frequentei até o final do ensino fundamental, meu mundo se resumia à minha casa e… à igreja. Nasci praticamente em um berço evangélico batista. Isso, por um bom tempo, foi mais uma fortaleza. Aquela igreja era uma comunidade muito nova, foi uma das primeiras no Brasil, e ali havia pessoas de várias classes sociais. Do ponto de vista de visão de mundo, a convivência naquele meio contribuiu muito para ampliar o meu radar, os meus horizontes, porque eu pude ter contato com outras realidades. Eu não sabia que existia uma vida melhor até passar a frequentar a igreja.

Além disso, essa comunidade também me possibilitou o acesso a atividades que eu não teria a chance de vivenciar, como viajar para o acampamento de jovens. Eu e meu irmão nunca pudemos ir a um daqueles acampamentos de escola classe média alta, mas pudemos participar dos encontros de jovens promovidos pela comunidade evangélica. Além disso, tínhamos acesso a outros programas que ninguém no nosso quilombo costumava fazer. Viagens para a praia, passeios em parques, por exemplo, era algo fora do nosso contexto, algo a que ninguém na minha família tinha acesso.

Naquela comunidade, as pessoas nos tratavam de igual para igual. Aliás, era assim com todos. Não havia diferença por classe social ou renda. Ali era um mundo à parte. Se do lado de fora havia uma realidade preconceituosa e racista, ali dentro parecia uma redoma de respeito às diferenças. Era de igual para igual. E, como eu sempre abracei aquilo que me fazia sentir bem e voar para realidades melhores, aquilo era literalmente uma bênção.

Para completar, meu pai era da liderança daquela comunidade – alguns casais eram escolhidos a dedo pelo pastor para serem uma espécie de Conselheiros. Então, de alguma forma, meu irmão e eu nos sentíamos importantes, em uma posição de destaque. Sabe aquela sensação de ser o filho da professora na escola? Eu podia sentir a autoestima de estar na igreja em todos os meus poros. Era uma coisa física. E essa questão de estar na liderança sempre me atraiu, eu achava aquilo o máximo!

Para além do senso de pertencimento, houve algo fundamental que a comunidade evangélica plantou dentro de mim: a validação de que a gente pode tudo o que desejar. Essa afirmação de que "Deus vai me abençoar", de que "eu vou atrás porque vou conseguir", foi ficando cada vez mais enraizada em mim. Não importava se eu era preta, pobre... eu acreditava que, de alguma forma, havia um Ser fora do meu ser me conduzindo em tudo. Não importava o que acontecesse, as coisas já estavam traçadas.

"Tudo vai dar certo, porque tem alguém cuidando de mim".

A igreja não apenas ampliou meus horizontes, mas também moldou meu senso de responsabilidade e comprometimento. Assim como meus pais, desde cedo eu me envolvia em atividades e, em todas as igrejas pelas quais passei, assumia responsabilidades, desde um simples evento até a liderança do ministério infantil, ou ministério feminino. Nunca me contentava em ser apenas um membro daquele grupo. Cada uma dessas experiências me ensinou lições valiosas sobre disciplina e dedicação. A igreja me ajudou a compreender que, para alcançar qualquer coisa na vida, precisamos de esforço e empenho, e, como Deus está me abençoando, e o resultado é certo. Essa mentalidade me acompanhou ao longo de toda a minha jornada.

Outro aprendizado que tive com a convivência com pessoas de diferentes classes sociais foi a importância da empatia e da compaixão. Eu observava as dificuldades enfrentadas por algumas famílias, que eram mais pobres que nós, e tivemos a oportunidade de ajudar. Isso me fez perceber que, embora também tivesse minhas próprias lutas, havia sempre alguém em uma situação pior. Dentro da comunidade, ajudar uns aos outros tornou-se uma missão, algo que levávamos muito a sério. Meu pai, inclusive, era convidado para ajudar em todas as mudanças da igreja – com seu corpo atlético e forte, era alvo de todos os que precisavam de bons braços fortes.

A infância e a adolescência foram fases em que muitas influências se intensificaram. Enquanto muitos dos meus colegas de escola exploravam festas e novas experiências sociais, eu encontrava refúgio nas atividades da igreja. Havia certa segurança ali, uma estrutura que me permitia crescer e me desenvolver sem as pressões externas que tantos outros jovens enfrentavam. Eu tinha a convicção de que não perdia nada com isso; muito pelo contrário, perder parte das "diversões" da adolescência era construir uma base cristã sólida para o futuro, porque, afinal, "eu era uma escolhida de Deus".

Ao mesmo tempo, a igreja me apresentou ao conceito de liderança de forma muito prática. Observar meu pai em posições de destaque e, eventualmente, assumir responsabilidades na comunidade fez com que eu compreendesse o verdadeiro significado de liderar pelo exemplo. Observava como ele era respeitado não apenas por sua posição, mas pela forma como tratava as pessoas, sempre com justiça e gentileza. Isso deixou uma marca profunda em mim, influenciando a maneira como eu queria me comportar na vida.

Enquanto o mundo lá fora poderia ser cruel e cheio de preconceitos, dentro daquela comunidade eu sabia que havia pessoas com quem podia contar. Essa rede de apoio foi crucial nos momentos mais difíceis, pois na igreja eu me sentia importante.

Aceitar minha pele foi o primeiro passo para conquistar o mundo com orgulho e autenticidade.

Confiante em minha própria pele preta

Também foi na igreja que encontrei as primeiras pessoas que me fizeram olhar para mim e falar: "Acho que eu não sou tão feia". Na comunidade, eu ouvia de diversas pessoas: "Mas você é muito linda!" Ávida por um elogio, tomei aqueles como verdade e passei a fazer as pazes com o espelho. Aliás, toda fonte de elogio eu abraçava como algo essencial na minha vida. Se as boas notas massageavam o meu ego me fazendo acreditar na minha potência intelectual, os elogios em relação à minha aparência me faziam sentir cada vez mais confiante em minha própria pele. E tudo o que contribuísse para isso era bem-vindo, como foi o caso de um item de maquiagem do qual virei dependente confessa.

A primeira vez que passei delineador na vida foi com doze anos, quando fui convidada para ir a uma festa de formatura no clube Homs, localizado na

Avenida Paulista, em São Paulo. Minha tia fez o traço nos meus olhos usando aquele pincel preto fininho. No evento, todas as amigas dela me falaram que eu estava bonita. Nunca mais saí de casa sem passar o traço preto bem rente aos cílios superiores fazendo um leve efeito gatinho. Hoje eu sou profissional na técnica, já ensinei até maquiadores. Difícil achar alguém que faça um delineado como o meu – e tão rápido.

A vaidade sempre foi uma característica presente em mim, mas foi a partir daquele momento, com o delineador, que ela se intensificou. Arrumar-me bem tornou-se uma das minhas fortalezas. A cada dia, percebia como me sentir bonita refletia diretamente na minha confiança e na minha postura diante do mundo. Colocar aquele traço preto nos olhos não era apenas um ritual de beleza: era um escudo, uma armadura que eu vestia para enfrentar os desafios diários. Saber que eu estava bem-arrumada, que a minha aparência estava impecável, fazia com que eu me sentisse mais forte e segura.

Com o passar do tempo, essa vaidade se transformou em uma verdadeira estratégia de poder pessoal. O simples ato de me arrumar, de escolher a roupa certa, o batom perfeito ou o delineado preciso, se tornou um mecanismo para abafar minhas inseguranças e destacar tudo o que havia de mais positivo em mim. A maquiagem e o cuidado com a aparência deixaram de ser apenas uma questão estética e passaram a ser uma forma de eu reafirmar meu valor, mostrar ao mundo que sabia o que queria e que estava preparada para conquistar meus objetivos.

Não era apenas sobre a estética, mas sobre a transformação interna que ocorria cada vez que eu me olhava no espelho e gostava do que via. O reflexo que eu encarava não era apenas de uma menina pobre e preta, mas de uma mulher que estava decidida a vencer, a superar qualquer obstáculo que se colocasse no seu caminho. A vaidade se tornou um símbolo do meu inconformismo, da minha rebeldia contra um sistema que tentava me impor limitações. A cada elogio que eu recebia, essa sensação de poder se intensificava, alimentando ainda mais a minha determinação.

E o cabelo? Meu cabelo merecia um livro só para ele... E o título seria A *Saga do Cabelo: A Entidade Poderosa Que Vive na Cabeça de uma Mulher Negra*.

Quando criança, eu sonhava ter o cabelo liso... Isso era algo tão forte que, quando brincava sozinha, o que ocorria na maioria das vezes, eu colocava uma toalha na cabeça, fingindo ser meu cabelo... Passava horas brincando com as minhas bonecas e prendendo e jogando meus "cabelos" para lá e para cá. Recordo que, quando íamos visitar as minhas tias, eu sonhava em alisar meu cabelo como elas e me rendia àquela chapa de ferro esquentada na boca do fogão. Posso sentir até hoje a sensação de arrepio do meu couro cabeludo próximo daquela chapa quente. Ainda assim, para mim era um presente quando a vizinha do "quilombo", a Madalena, tinha horário para me atender – mesmo sabendo que na próxima lavagem meu cabelo voltaria a ser crespo e eu teria de voltar às tranças que minha mãe fazia desde que eu nasci, pois era o único penteado possível.

Como consequência do tratamento de choque da chapinha, quando eu voltava para casa, o cabelo embaraçava ainda mais e, para piorar a situação, eu perdia mechas e mechas que se desfaziam e quebravam, por não aguentar o calor daquela chapa. Isso dificultava ainda mais o trabalho da minha mãe ao fazer tranças. Todas as vezes que eu me sentava na frente dela, era um chororô e uma gritaria... Ela dizia: "Fica quieta, menina!". E as lágrimas escorriam quando ela chegava aos locais mais sensíveis da minha cabeça. Lembro-me do dia em que meu pai, cansado de ver aquela cena, falou: "Da próxima vez que você deixar suas tias alisarem seu cabelo novamente, chegando em casa vou cortar seu cabelo joãozinho, porque não aguento mais essa gritaria de vocês duas!".

No mês seguinte, teimosa e ávida por fios lisos, voltei à casa das minhas tias, e elas estavam testando outra opção que ajudasse a resolver aquele "cabelo duro", que era o mais crespo da família, segundo diziam. Sugeriram que eu passasse um novo tipo de Henê, que prometia milagres e que funcionou bem para elas. É claro que acreditei fielmente que aquilo poderia me ajudar e, complementado pela chapinha da Madalena, meu cabelo, finalmente, ficaria mais molinho. Engano meu. Aquela bisnaga preta só piorou a situação. Não esqueço quando a Madalena falou: "Vou ter que passar a chapinha mais vezes nesse teu cabelo duro. Vai ter que aguentar, sinto muito. Reclama com o filho da p... do seu pai".

Ao chegar em casa, o resultado de queda foi ainda pior, e meu pai não hesitou e cumpriu o prometido. Mandou minha mãe me levar à casa da vizinha cabeleireira para cortar meu cabelo igual ao do meu irmão. E, mesmo com o cabelo todo quebrado pelo resultado daqueles procedimentos, foi traumatizante para mim, não só porque eu fiquei por muito tempo sendo confundida com um menino, um choque para minha essência vaidosa, mas porque eu acreditava que um dia teria uma solução para a minha "doença genética" – aquele cabelo crespo que, como minha mãe dizia, dava para três cabeças. Apesar de tudo, aprendi a lição, de que eu deveria ouvir o meu pai, que sempre aconselhava que eu aceitasse meu cabelo, minha essência, e parasse com aquelas coisas de ficar querendo ter cabelo de branco e que, quando um pai promete, ele cumpre.

Depois disso, segui por muito tempo com as tranças. Até eu chegar à adolescência minha mãe ainda trançava meu cabelo. Imaginem uma mocinha, aos nove anos, dependendo da mãe para pentear seu cabelo! Eu morria de vergonha de que "as pessoas" vissem meu cabelo solto, natural. Era como se eu estivesse nua, expondo meu defeito grave. Essa foi a minha realidade até uma recém-chegada irmã da igreja cabelereira nos apresentar um novo método que estava chegando ao Brasil. Ela e seu esposo estavam abrindo um salão de beleza e disseram para minha mãe: "Nossa.. a sua filha é tão linda. Vamos cuidar do cabelo dela!" Minha mãe demorou uns meses para aceitar a sugestão, mas eu fiquei empolgada e fiz questão de juntar rapidamente o dinheiro para entrada do tratamento que, enfim, eu esperava há tanto tempo. Era um relaxamento químico potente e, para compensar a queda do cabelo e ajudar a deixar o visual ainda melhor, era complementado pelo megahair. Eu mal podia acreditar... aquele dia foi um divisor de águas na minha vida, pois me deixou com a aparência que eu sempre sonhei. Meus tão sonhados cabelos longos e flexíveis! A irmã Beth não tem ideia do impacto que foi o tratamento dela na minha vida aos catorze anos. Quando cheguei à escola com meu megahair, foi como se todos parassem para me admirar. Antes eu tinha a impressão de nem ser percebida, ninguém sequer me olhava, mas, naquele dia, parece que meu rosto se iluminou e todos diziam "Nossa, Thaís, como você é bonita!"

Mais tarde, quando eu estava fazendo planos e contas para me casar com meu namorado branco, ele tentou questionar a quantia que eu gastava no salão. Ele me disse que as irmãs dele se cuidavam num salão ótimo e que gastavam muito menos que eu. Sem respirar, retruquei: "Nós até podemos economizar, mas eu gasto mesmo muito dinheiro com meu cabelo, e, se você escolhe se casar um uma mulher preta, nunca deve reclamar do quanto ela gasta com o cabelo dela. Meu cabelo é prioridade, você entendeu? Ou o casamento já está acabado aqui", eu disse, categórica. Até hoje fico rindo por dentro ao me lembrar do rosto dele vermelho e assustado: "Não, claro, eu entendo, amor".

Mesmo depois de adulta, meu cabelo continuou sendo tema recorrente em sessões de terapia, até mesmo porque eu sempre sonhei em estar em lugares onde, muitas vezes, havia um preconceito grande com mulheres que assumiam seu cabelo afro. Se um estudo de 2020[1] revelou que mulheres pretas ainda enfrentam preconceito em ambientes profissionais, imagine trinta anos atrás... Estar nesses lugares não era fácil para nós.

Com o tempo, percebi que a verdadeira transformação aconteceu dentro de mim. Com o passar dos anos, descobri que meu cabelo me dá possibilidades que o "cabelo de branca" não oferece. Posso usá-lo liso, crespo, trançado, ou como bem entender, e isso me proporciona uma liberdade no visual que nem todos podem experimentar. Hoje, ainda faço uso de apliques e, às vezes, intercalo com tranças, mas isso é uma escolha minha, não uma imposição. A sociedade preconceituosa sempre tentou nos

---

[1] Fonte: https://jbhe.com/2020/08/study-finds-black-women-with-natural-hair-styles--face-bias-in-job-searches/

fazer acreditar que nosso cabelo, nossa cor e nossa essência são defeitos, algo que precisa ser "consertado". Ao longo da minha vida, vivi sob essa pressão – uma pressão que dizia que meu cabelo natural era uma falha, algo que deveria ser moldado para se adequar aos padrões eurocêntricos de beleza. Mas essa mentira, vendida a gerações de mulheres pretas, é apenas uma forma de opressão disfarçada de estética. Dizem que o cabelo crespo é "difícil", "duro", que precisa ser domado, e eu acreditei durante muitos anos. Mas o que é realmente difícil e duro é viver numa sociedade que não reconhece a diversidade como beleza.

Eu rejeito categoricamente essa narrativa. Cabelo afro não é defeito, não é problema, não é menos. Ele é uma característica única, cheia de história, ancestralidade e poder. Durante anos, permiti que a sociedade me dissesse que havia algo de errado comigo. E eu, como tantas outras meninas e mulheres negras, acreditei. Mas hoje sei que essa crença era o verdadeiro erro.

A sociedade tenta nos impor padrões inalcançáveis porque sabe que, quando aceitamos nossa verdadeira essência, nos tornamos inquebráveis. Meu cabelo é uma coroa. Ele representa a força das minhas antepassadas, que resistiram a séculos de opressão. Ele carrega a história de luta e resiliência de quem veio antes de mim. Meu cabelo é a expressão do meu poder e da minha liberdade. E isso é algo que nenhuma chapa, nenhum relaxamento, nenhum produto químico podem tirar de mim.

Entendi que meu cabelo, seja natural, seja complementado por tratamentos ou apliques, não reduz em nada minha beleza ou minha força. Pelo contrário, ele é a expressão máxima da minha versatilidade, da minha identidade e da minha liberdade.

Bem melhor sorrir do que chorar

Na época em que o financiamento da casa do Cambuci pesou no orçamento familiar, meu pai trabalhava em uma gráfica cujo proprietário tinha vários empreendimentos além daquele. Sabendo que o "patrão" tinha simpatia por ele e o considerava um bom funcionário, meu pai resolveu tentar um empréstimo ou uma negociação para retirada do seu FGTS, a fim de amenizar um pouco a dívida pendente. Naquela conversa surgiu uma oportunidade. O chefe estava querendo se desfazer de um de seus negócios, uma fábrica de sorvetes e picolés. Com isso, estava vendendo suas duas máquinas industriais e ofereceu ao meu pai as máquinas e a quitação da nossa dívida em troca da casa.

Naquele momento difícil, o sonho de ter um negócio bateu mais forte. Assim, ele conversou com minha mãe e os dois decidiram colocar a quantia recebida da casa em uma máquina de sorvete e abrir uma sorveteria. Não sobrou um centavo. Mas estávamos muito felizes e confiantes, pois tínhamos o nosso tão sonhado negócio. Sabíamos que precisaríamos fazer vários sacrifícios, mas estávamos engajados e comprometidos e ainda tínhamos o apoio dos irmãos da igreja.

Depois de menos de um mês, meu pai conseguiu um salão e fomos morar nos fundos do novo empreendimento, num imóvel alugado na avenida Casa Verde. No final do dia, a gente fechava as portas da sorveteria, e meus pais dormiam num colchão, na frente do balcão. Num quartinho, dormíamos eu e o meu irmão, em um beliche, que era o único móvel que cabia ali. Não havia espaço para mais nada. Moramos naquele lugar por longos nove meses, sem poder deixar os vizinhos perceberem, pois o imóvel era na condição de locação comercial, e não residencial. Esperamos por uma oportunidade, quando apareceu um cômodo e cozinha no terreno do meu avô, e voltamos a morar no quilombo.

Desde quando eu era pequena, com seis, sete anos, meu pai fazia uma reunião de orçamento doméstico com toda a família. Ele expunha todos os custos e gastos que tínhamos no mês e quanto tínhamos para pagar. No mês que sobrava algum dinheiro, ele sempre dava uma mesadinha para a gente. "Quem vai querer uma mesada?", ele brincava, fazendo disso uma farra gostosa em família. Tenho uma memória afetiva desses momentos de festa em que a gente ganhava o tal dinheiro e podia comprar um lanche diferente. Meu pai dizia: "Vai sobrar um dinheirinho e sua mãe vai levar vocês no Grupo Sérgio", que era uma casa de esfihas na Zona Norte de São Paulo. Mas, na maioria das vezes, a reunião fazia que eu tivesse acesso a uma realidade muito pesada para uma criança.

A realidade é que mais faltava dinheiro do que sobrava. E então eu chorava. Apesar da pouca idade, já sofria com o fato de saber que meus pais não conseguiriam pagar todas as contas. E me sentia de mãos atadas, sem poder fazer nada para ajudá-los. Até que abrimos a sorveteria e vi ali uma chance de fazer minha parte. Do alto dos meus nove anos, mergulhei no negócio e tomei para mim a responsabilidade de fazer aquela coisa dar certo. Com meu enorme senso de responsabilidade precoce, sempre trabalhei como dona e sem chances para erros, pois as contas iam vencer. Diferentemente do meu irmão, que muitas vezes, mesmo com clientes para atender, tinha momentos de curtir os amigos ali mesmo, na nossa sorveteria, eu nunca relaxava, não tinha leveza e todo dia era dia de muito trabalho. Dificilmente eu largava meu posto. Eu tinha comprometimento de fazer dar certo. Um gatilho da responsabilidade foi acionado em mim para nunca mais se desligar. Tudo porque eu queria evitar a qualquer custo que as reuniões de orçamento acabassem em frustração e preocupação. Mas confesso que, até hoje, tenho certo bloqueio com orçamentos – esse trauma de infância deixou meu cérebro resistente e condicionado a evitá-los, e faço um esforço gigante para lidar com esse tema.

Os anos se passaram e chegou o momento de eu cursar o ensino médio. Decidi me matricular em uma escola técnica, visando ampliar minhas oportunidades de emprego. Para pagar os estudos – ou pelos menos parte deles – e ajudar meus pais, fui procurar emprego fora da sorveteria, pois lá eu não tinha remuneração fixa.

Eu me candidatei a uma vaga anunciada no jornal e consegui trabalho de recepcionista em uma agência de publicidade, cujos donos eram italianos, para receber um salário que era o valor exato para pagar a escola. Eu era a primeira a chegar na agência. Tinha a chave e a responsabilidade de abrir o escritório todos os dias. Pegava o ônibus Barra Funda cedo – desde os oito anos eu já andava de transporte público sozinha – e mais outro ônibus que seguia para a Avenida Pompeia. Entrava às oito da manhã e saía às seis da tarde. À noite, ia para a escola. Eu tinha apenas catorze anos e já tinha uma rotina puxada. Procurava não pensar muito nisso. Dava o meu melhor, pois gostava de trabalhar, de ganhar o meu dinheiro, fora do negócio dos meus pais, e da sensação de que meu mundo estava se ampliando.

Entre as minhas funções como recepcionista estava atender à porta. Ao ouvir o som da campainha do interfone e verificar quem era, eu deveria liberar a entrada apertando um botão. Mas eu nunca fazia apenas isso. Liberava a entrada e corria para o portão para receber a pessoa, fosse quem fosse. Na minha concepção, era importante me levantar e dar essa atenção – eu ficava feliz em fazer esse atendimento personalizado e, inconscientemente, usava todo o meu carisma para proporcionar uma experiência única para todos que chegavam ali, desde o carteiro, até os donos da empresa.

Foram meses muito cansativos, pois eu acordava cedo e dormia bem tarde. Essa era a realidade de muitos jovens da minha classe social. Eu tinha muitos amigos que encaravam a mesma jornada. Uma das minhas amigas foi uma grande referência. Apesar de ser de família de classe média e seu pai ter uma empresa, ela trabalhava o dia todo em uma joalheria de um amigo da família e estudava à noite. Ela sempre foi uma guerreira, e eu me inspirava na Tata, que é uma das minhas melhores amigas e motivo de minha admiração até hoje.

Depois de quase um ano na agência, soube de uma oportunidade irresistível na Caixa Econômica Federal. Eu receberia o mesmo salário por apenas quatro horas de trabalho e, apesar de gostar muito do meu trabalho, resolvi me candidatar à vaga. Informei meu chefe sobre a minha intenção de sair, pois, mesmo ainda tão jovem, sempre tive a preocupação de não perder a confiança que conquistei, e ouvi de volta: "Meu, Deus, você vai mesmo embora? E vamos perder esse sorriso que deixa nosso dia mais feliz?" Abrir a porta com um sorriso era da minha natureza. Saber que aquilo que eu fazia com tanta naturalidade era algo que as pessoas valorizavam me deixou feliz. Sempre fui muito boa em assimilar feedbacks positivos e seguir fazendo tudo o que me rendia aplausos. Desde então, atender com alegria passou a ser o meu lema. E graças a isso tive muito mais motivos para ser feliz do que para chorar quando se tratava de fazer as contas do orçamento no final do mês.

5

Glamour e preconceito

Se havia uma coisa que estava nos meus melhores sonhos era tirar aquele uniforme, exigido pelos proprietários da agência, e ter de me arrumar muito chique de salto alto, terninho, maquiagem e uma bolsa no braço. Não era bem a prática entre os estagiários, mas eu não via a hora de poder me arrumar como bem entendesse. Também por isso, a vaga de estágio na Caixa Econômica Federal, que oferecia um salário semelhante por menos horas de trabalho, era interessante. Eu teria uma rotina menos cansativa e... seria "obrigada" a me arrumar para ir trabalhar. Eu já me via dizendo para quem quer que fosse: "Trabalho em banco". Que glamour! Achava aquilo lindo. Mandei meu currículo e fui selecionada graças ao fato de estar cursando o ensino técnico em processamento de dados – veja só, o investimento na escola já estava dando retorno.

Desde o momento em que iniciei no banco, levei comigo o meu sorriso estampado no rosto e minha disposição para atender, pois já tinha aprendido que fazia sucesso com eles. Com o tempo, comecei a ter contato com algumas tarefas que ninguém queria fazer e, com elas, surgiram oportunidades de ganhar um dinheiro extra. Esse foi o caso do levantamento da documentação para quitação de imóveis na área de habitação do banco. O processo era muito burocrático e os clientes não conseguiam fazer sozinhos. Muitos que se arriscavam cometiam erros de digitação, e o banco não aceitava nenhum tipo de rasura, o que desanimava qualquer ser humano a seguir tentando. Era mesmo um trabalho sem fim que acabava com o humor de qualquer pessoa.

Resolvi aprender a fazer aquilo. Com toda a paciência e disposição que poderia ter, passei a me tornar especialista em processos de quitação. Então, outra oportunidade se abriu. Quando um cliente quitava o imóvel, ele perdia o direito ao seguro residencial que já estava previsto no financiamento. Eu tinha acabado de fazer um treinamento para venda de seguros e enxerguei a seguinte estratégia: desembaraçar o processo de quitação para um cliente e, em seguida, oferecer o seguro. Bingo! Era venda certa. O cliente ficava tão grato pelo meu trabalho que fechava o seguro sem titubear. E, a cada venda fechada, uma comissão se somava ao meu salário. Eu tinha encontrado uma forma de aumentar meu ganho mensal.

Não tive dúvidas! Fui atrás de resolver a vida dos clientes. Comecei a pedir para os meus colegas que me encaminhassem todos aqueles que estavam com problemas nos processos de quitação. Como ninguém estava interessado em encarar aquela trabalheira

Glamour e preconceito

da quitação, eles me ajudavam – e com gosto. Eu analisava os processos um por um, corrigia todos os erros. Era um trabalho pouco dinâmico, que exigia concentração e precisão. Enquanto meus colegas que também atuavam na área da habitação atendiam quinze clientes em um dia, resolvendo questões simples, eu passava um expediente inteiro amarrada naquelas revisões intermináveis. Conseguia atender cerca de três clientes. Eles se sentiam gratos, porque eu fazia tudo com a maior paciência do mundo, com sorriso no rosto e me desdobrando para que tivessem a experiência menos desgastante possível. Era um atendimento VIP. No final, a cereja do bolo: eu sempre vendia o seguro-habitação.

Meu salário como estagiária era de 485 reais. Mas eu tirava 1800 reais mensais com as comissões. Passei a ficar famosa por ser a menina da quitação – na verdade, era eu no período da manhã e outra funcionária, a Gláucia, no período da tarde. Ninguém mais queria fazer aquele trabalho, pois consideravam chato. Com isso, clientes com esse tipo de demanda sempre eram encaminhados para nós duas. Eu agradecia e seguia focada em atender bem e multiplicar meus ganhos. Virei especialista naquilo. Tinha todos os passos do processo anotados em um caderninho para não me perder. Fui tirando aquilo de letra, coisa que só o trabalho e a repetição nos dão. Também passei a fazer muitas amizades, pois as pessoas ficavam realmente felizes com aquela pendência resolvida.

Quando acabou o estágio, soube de uma oportunidade em outro banco. Fiquei animada só de pensar em continuar a minha carreira naquele setor com o qual me identificava e já estava me trazendo uma renda melhor do que o esperado. Participei do processo, indicada por uma pessoa do RH da Caixa. Tive algumas conversas com os responsáveis pelo departamento pessoal. No último telefonema, o papo foi com a gerente, que me adorou e me chamou para uma entrevista presencial. Eu estava praticamente certa da minha contratação. Caprichei no visual e lá fui eu para o banco. Tivemos uma boa conversa, mas que terminou da pior maneira possível: "Gostei muito de você, mas a vaga não é para pessoas do seu perfil, pois é para atender clientes". Ela deixou muito claro, mesmo sem dizer com todas as letras, que a questão era racial – e que a decisão vinha de alguma diretriz de cima. Isso me fez desistir de seguir a tal carreira com glamour em agência bancária. Fiquei arrasada, mas era a realidade do racismo batendo à minha porta.

O glamour que me move vai além das aparências: ele desafia o preconceito e brilha de dentro para fora.

6

Como "cavar" uma vaga

Perder uma oportunidade de emprego por causa da minha cor foi difícil de digerir. Deixou um gosto amargo. Mas eu não poderia me trancar num quarto e ficar me lamentando das injustiças do mundo. Eu já tinha terminado o ensino médio e precisava continuar trabalhando, ganhando meu dinheiro, ajudando meus pais a complementar o orçamento, já que a sorveteria não decolava. Mudei o foco e fui buscar uma oportunidade em outra área. Foi assim que o telemarketing surgiu na minha vida.

A primeira vaga que consegui foi para fazer o atendimento ao cliente de um banco, no setor de cartão de crédito. Não contente com um emprego, arrumei dois. Minha vida passou a ser trabalhar por muitas horas diárias naquelas grandes centrais cheias de colaboradores – até mesmo nos finais de semana. Em um dos empregos, o expediente era das seis da manhã às três da tarde. No outro, que ficava em um prédio próximo, eu entrava às três e quinze e saía às nove da noite. Os dois salários somados davam o mesmo valor que eu recebia no estágio com as comissões de venda de seguros. Era o que eu tinha para o momento.

Minha cabeça não parava de pensar em quais seriam os meus próximos passos. Eu tinha descartado o banco. Iniciar uma carreira em uma empresa naquele momento estava fora de cogitação. Eu não tinha currículo para tanto e não havia a menor possibilidade financeira de pagar uma faculdade privada. E, mesmo que tentasse uma universidade pública, seria difícil de passar, pois o cursinho técnico não me deu base em disciplinas como física e química.

O meu radar sempre voltado para o glamour identificou o mundo da aviação. Já me imaginando sempre bem-arrumada, com aqueles uniformes impecáveis das companhias aéreas, determinei: "Vou ser comissária de bordo". Fui me informar sobre o valor do curso de formação na área e comecei a passar roupa para fora, a fim de juntar a quantia necessária. Minha tia me apresentava as clientes do bairro, e eu fazia o trabalho nas minhas folgas do telemarketing.

Com a quantia em mãos, negociei com a minha coordenadora para concentrar as minhas folgas aos domingos, que era o dia do curso. Eu ainda tinha um incentivo adicional: a Tatazinha, minha grande amiga, mais um retorno do investimento do ensino médio particular, resolveu ingressar comigo. Tudo resolvido. Eu me saí bem na formação de comissária e fui a primeira e única da turma a passar na prova da Agência Nacional de Aviação Civil, ANAC, logo no primeiro exame. Recebi minha carteirinha, o Certificado de Habilitação Técnica, e estava pronta para os próximos passos, que eram fazer o curso de sobrevivência na selva e aprender inglês. Para tanto, era preciso juntar mais dinheiro. Meu radar não parava de buscar maneiras de aumentar minha renda. Como quem procura acha, uma chance mais que perfeita surgiu em minha vida. Na verdade, não era ainda uma chance, mas eu fiz com que virasse.

Imagine que maravilha trabalhar das nove da manhã às seis da tarde, de segunda a sexta – e não mais nos fins de semana – e ganhar mais do que em dois empregos no telemarketing. Quando soube dessa possibilidade, por meio de uma amiga do trabalho, que tinha um primo nessa condição, fiquei toda animada. A empresa que oferecia o trabalho dos sonhos se chamava IOB, mas ela não estava com processos seletivos abertos naquele momento. Eu não me importei com esse "detalhe" e comecei o processo de "cavar" a minha vaga.

Primeiro, fui buscar informações sobre a organização e descobri que se tratava de uma empresa de informativos tributários. Um setor bem específico e técnico. Também já tinha ficado sabendo, por meio dessa minha colega que havia me falado a respeito da vaga, que a pessoa do departamento de recursos humanos se chamava Gerusa. Achei o telefone da empresa e pedi para falar com ela:

– Boa tarde, Gerusa, tudo bem? Aqui é a Thaís. Sou operadora de telemarketing e eu queria saber se vocês têm alguma vaga em aberto ou para abrir.

– Olha, a gente não tem vaga agora, mas vamos abrir daqui a algumas semanas. Será uma vaga temporária, e contratamos uma empresa externa para fazer o processo seletivo. Então, a seleção será diretamente pela agência.

– Você pode me dizer o nome da agência?

– Claro!

A Gerusa me passou o nome da tal agência de recrutamento e seleção, e eu fui descobrir o telefone. "Esperar alguns meses? Nem pensar! Vou ligar lá agora!", pensei e agi.

– Bom dia! Tudo bem? Aqui é a Thaís. Sou operadora de telemarketing e falei com a Gerusa, da IOB. Ela me pediu para levar para vocês o meu currículo para participar do processo seletivo das vagas que estão abrindo.

– Ah, sim, pode trazer!

Não, a Gerusa, não tinha me dito para ir até a agência. Muito menos para levar o meu currículo. No dia seguinte, dei um jeito de não ir trabalhar nos meus dois empregos. Imprimi meu currículo bonitinho, bem-arrumadinho, saí de casa cedo e me apresentei na recepção da agência. A atendente recebeu a folha de papel sulfite com a minha breve experiência profissional e me disse:

– Está bem, obrigada. Pode deixar que, assim que estivermos contratando, chamaremos você.

Na mesma hora fiquei imaginando o meu currículo perdido em uma pilha enorme com tantos outros. Se eu não aproveitasse a oportunidade de estar ali, ao vivo e em cores, para vender o meu peixe, minhas chances seriam muito poucas. Além do mais, eu não tinha perdido um dia inteiro de trabalho para simplesmente entregar um currículo. Engatei uma história, que elaborei na hora:

– Acho que eu não expliquei direito. Sabe a Gerusa do RH? Então... ela falou que era para eu fazer a entrevista hoje.

— Ah, entendi... Então vou ligar para a psicóloga e ver se ela pode atender você.

Veio a psicóloga e, vendo que minha estratégia estava avançando, eu expliquei a ela:

— Eu já conversei com a Gerusa e vim aqui especialmente para essa entrevista. Para você ter uma ideia, tenho dois trabalhos e pedi autorização para os meus gestores para vir aqui, porque não é justo deixar a empresa, sabe? E fiz isso só porque a Gerusa falou que era para eu ser entrevistada.

Minha história emplacou e consegui a entrevista. Ao final da conversa, ouvi música para os meus ouvidos:

— Eu gostei muito de você! Você é o perfil que estamos procurando. Agora precisamos marcar uma entrevista com a Gerusa. Quando você pode?

Eu estava animadíssima e, ao mesmo tempo, certa de que precisava fazer tudo acontecer naquele dia. Já tinha avançado muito. Se voltasse para casa sem falar com a gerente, meu nome poderia acabar voltando para a pilha de currículos e para a espera da data determinada para iniciar o processo seletivo. Não tive dúvidas:

— Eu só posso hoje. Como disse, faltei no trabalho e não terei como fazer isso novamente.

A psicóloga da agência me deu o endereço da IOB. Já eram quatro horas da tarde. Cheguei à empresa, apresentei-me e aguardei a Gerusa, que logo me entrevistou e solicitou que eu aguardasse a Carminha, gerente do telemarketing, que estava em reunião, até as oito da noite.

— Nossa, menina, você ficou me esperando até agora?

Expliquei toda a história novamente. Disse que não poderia mais faltar nos empregos e tal. Assim, fui entrevistada pela gerente, e então uma orquestra inteira tocou a música para os meus ouvidos:

– Como você sabe, iremos abrir o processo oficialmente daqui a duas semanas, mas há duas meninas que vão sair da operação, e uma das posições será sua.

Com minha vaga devidamente "cavada", voltei radiante para casa. Minha vida profissional estava prestes a mudar novamente. Eu só não imaginava quanto!

A oportunidade
não bate à porta;
você precisa cavá-la,
mesmo quando tudo
parece perdido.

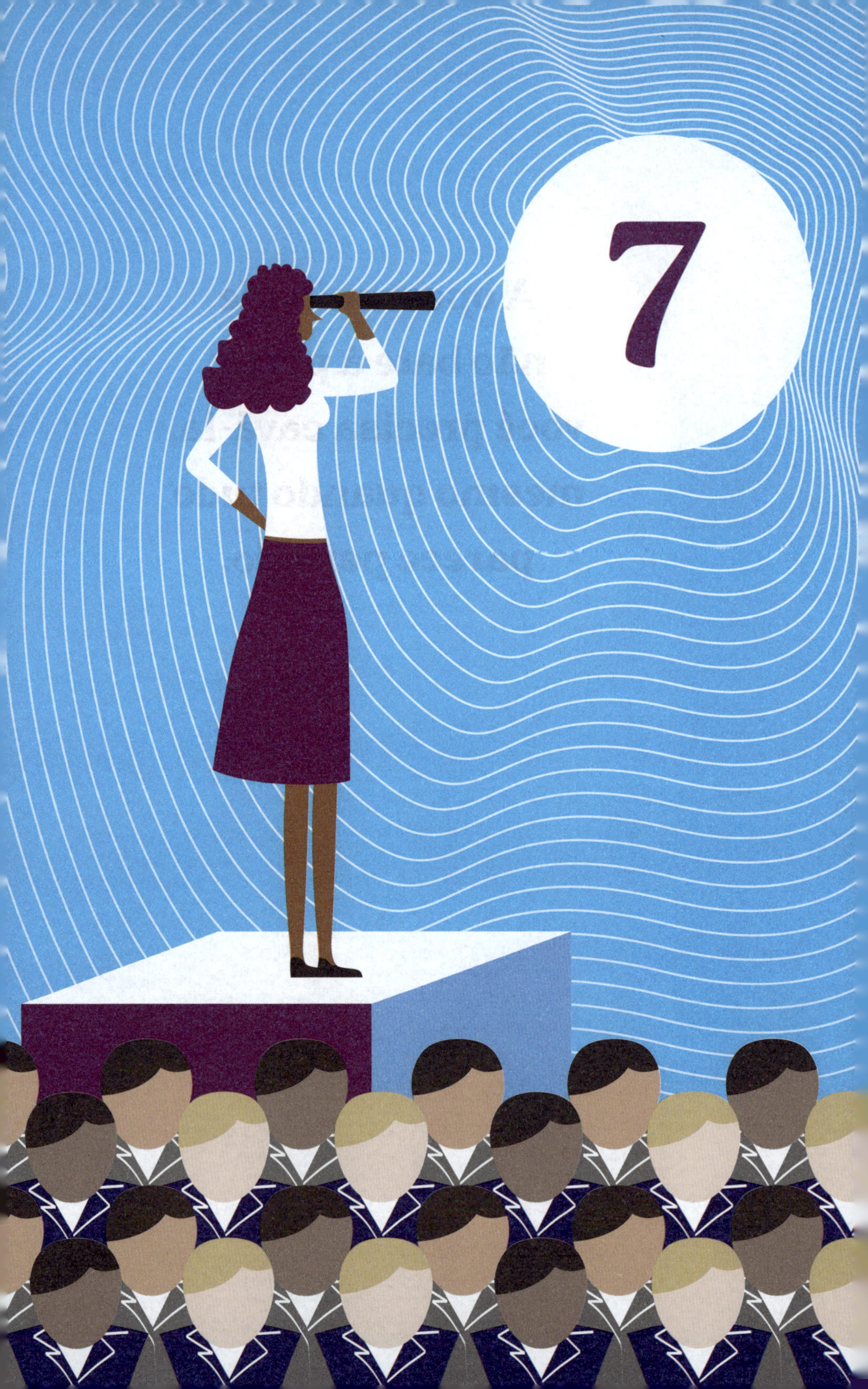
7

A operadora de telemarketing que deu certo

Eu não via a hora de assumir a minha vaga temporária no telemarketing da IOB. No primeiro dia de trabalho, fui para a empresa feliz da vida, cheia de energia. Era maravilhoso pensar que eu receberia o salário de dois empregos trabalhando em um só. E, principalmente, ganhar bem... trabalhando de segunda a sexta... parecia ser um sonho.

A IOB é uma organização de conteúdo técnico e complexo para o segmento empresarial, que envolve inclusive informações tributárias. Foi precursora no Brasil em informativos, ultrapassando a marca de mais de 3 mil colaboradores.

Quando entrei na empresa, ainda se usava muito papel e cada tipo tinha uma cor. O verde era do ICMS. O vermelho era do imposto de renda. O laranja era do trabalhista. Toda empresa precisa seguir uma regulamentação em suas diversas áreas. No que tange à área fiscal, a questão de mudanças e regulamentação tributária sempre foi bastante relevante, até porque expõe as empresas perante os diversos órgãos regulamentadores. Então, sempre foi muito importante ter acesso a esse conteúdo nas diversas áreas das empresas e dos escritórios contábeis.

Era tanta papelada que a IOB gerava para os clientes que ela tinha uma editora e parque gráfico próprio. Imagine uma operação parruda, enviando informativos para o Brasil todo, com centenas de filiais espalhadas pelo país. Ter essa regionalização por estado era importante, porque as informações eram sempre adaptadas para as regras e a realidade tributária de cada estado. Meu papel era captar clientes apresentando todas as soluções de informativos que a IOB podia disponibilizar. Fácil? Nada fácil. Eu precisava convencer o cliente a comprar algo que ele até sabia que precisava, mas não necessariamente entendia com profundidade para que aquilo servia e como o ajudaria em seus negócios. Não tive outra saída a não ser estudar todos aqueles produtos. Eu precisaria saber sobre o que estava falando e, mais do que isso, criar bons argumentos de vendas a partir de todo aquele conhecimento técnico.

Algumas pessoas poderiam dizer que eu era dedicada demais para quem estava registrada como funcionário temporário. Eu não pensava assim. Até porque mal cheguei na empresa e fui informada da possibilidade de aumentar o meu ganho mensal. Isso fez meus olhos brilharem. Só os meus. Justo naquele mês as regras para comissionamento de vendas tinham mudado e, para as operadoras de telemarketing que já estavam no cargo há algum tempo, o novo sistema de comissionamento não era tão atraente. Eu as ouvi reclamar. Estavam desmotivadas. Tudo na vida, no entanto, é uma questão de ponto de vista. O que para minhas colegas era o fim do mundo, para mim era um sonho.

Eu era uma jovem de dezenove anos que estava chegando à empresa já feliz e satisfeita, porque ganharia um salário de valor que equivalia à soma dos salários dos meus dois empregos anteriores em dia e horário comercial. Fiquei mais radiante ainda ao saber que teria a chance de turbinar esse valor com uma comissão de vendas. Não importava qual seria a porcentagem, eu batalharia o que fosse preciso para faturar muito.

O mês se passou. Meu primeiro salário, com as comissões, foi de 2.765 reais. Todos os operadores de telemarketing foram convocados para uma reunião com o diretor de vendas. Em sua apresentação, ele perguntou quem tinha batido a meta de vendas. Só eu levantei a mão. Apenas a temporária. Impressionado, o diretor falou: "Parabéns! Se continuar assim, você não vai ser mais temporária". Arrebentei de vender, comecei a me destacar e ganhei uma chance de estabilidade naquele lugar que estava se mostrando muito promissor. Se eu já estava motivada, ouvir aquilo foi como colocar um motor turbo na minha vontade de crescer. Segui focada em bater minhas metas.

Motivada pelas chances de crescimento e de aumento de ganhos que me ajudavam a pagar a escola e contribuir em casa na renda familiar, fui atrás de mais conhecimento. Entrei numa escola de inglês, visando também à carreira na aviação, como comissária de bordo, pois precisava da segunda língua para passar nos testes básicos. Passaram-se os seis meses previstos no contrato de temporária na IOB, e nada de eu ser efetivada. Saí da empresa e acionei o meu plano B, a carreira de comissária de bordo.

Consegui entrar na companhia aérea TAM, que hoje é LATAM, e fazer alguns treinamentos. Alguns fatores, no entanto, me fizeram desistir desse sonho. O primeiro motivo era que eu tinha começado a namorar um professor de computação, dez anos mais velho que eu. Estava apaixonada e já tinha planos de me casar. Como a igreja, que eu seguia fervorosamente, considerava pecado qualquer escapada antes da bênção de Deus, o namoro logo viraria matrimônio, fato. Eu não me imaginava voando o mundo e deixando o meu marido sozinho. Não fazia muito sentido para mim. O segundo motivo foi que, em um mês, a IOB me chamou de volta. E agora eu seria efetivada. Fiz as contas e, por mais que eu fizesse muitas horas de voo, o salário como comissária de bordo não seria maior do que aquele que eu começaria a receber, somando as comissões. Esse cenário conspirou para que eu investisse todas as minhas fichas, objetivos e planos na IOB.

O tempo passou, terminei o ensino médio técnico e me casei depois de dois anos de namoro. Fazer faculdade estava fora de cogitação naquele momento. Eu não ganhava o suficiente para bancar uma mensalidade alta e não poderia me dedicar tanto aos estudos para tentar uma universidade pública. Sem filhos e com mais tempo livre, passei a fazer todos os cursos de aperfeiçoamento que a IOB oferecia. Com todas aquelas novas informações que eu estava colocando no meu repertório, passei a dominar linguagem técnica, que era exatamente o que o cliente precisava ouvir. Dessa forma, passei a calibrar a minha apresentação conforme a empresa que eu abordava. Por exemplo, se o cliente da vez era um órgão público, eu falava de legislação complementar, explicava detalhes e, entendendo o que estavam comprando e a importância daquilo, as pessoas se sentiam seguras e compravam. Com o conhecimento técnico na ponta da língua, eu vendia muito e me destacava mais ainda. Eu vibrava com meus resultados e, quanto mais vendia, mais queria vender.

Fui ficando hábil também em técnica de vendas e bastante safa para não perder negócio. Então, fui remanejada para a área de renovação. Como a assinatura para recebimento dos informativos era anual, sempre havia o momento de fazer aquela ligação para dar a continuidade ao serviço. Então, entrava em cena a minha abordagem, que não dava chances de o cliente desligar o telefone sem aceitar o contrato por mais um ano. Em vez de perguntar se ele pretendia renovar, eu já perguntava que dia de vencimento ele gostaria para o próximo ano. Não deixava a pessoa pensar. E ainda emendava dizendo que os outros clientes estavam preferindo.

Depois de cinco anos no cargo, posso dizer que eu havia me tornado uma operadora de telemarketing de sucesso. Sempre era destaque nas premiações da empresa, entrevistada para o jornalzinho da comunicação interna e tinha uma supervisora, a Adriana, que vivia me incentivando, me dava muita força.

Em 2005, uma novidade agitou os corredores da IOB: foi criada dentro da empresa uma área chamada vendas premium, dedicada a grandes projetos para grandes empresas. Era o momento de o departamento de RH entrar em ação e formar o time de executivos de vendas. Os requisitos para a vaga eram inglês fluente, nível superior completo, preferencialmente pós-graduação e conhecimento em tecnologia – todos bem distantes da realidade do meu currículo. O único ponto que eu conseguia bater na trave era o curso superior, que, no meu caso, ainda estava incompleto. Eu havia iniciado a faculdade de marketing e cursava o segundo ano – faltavam mais dois anos para pegar meu diploma. Muita gente se movimentou para conseguir uma daquelas cinco vagas poderosas de *key account*. Eu fiquei na minha, pois não via chances de ser uma das pessoas escolhidas. Das quarenta e seis pessoas de dentro da empresa que concorreram à vaga, nenhuma foi considerada competente para essa posição, e a IOB acabou trazendo quatro executivos de fora. Então, minha supervisora, Adriana, me perguntou se eu havia me inscrito para a vaga. Expliquei que não tinha currículo à altura do cargo. Ela ficou indignada. "Como assim, Thaís? Você tem o perfil. Vou falar com a Gerusa!".

A Gerusa sabia da minha história. Foi a primeira pessoa com quem falei quando "cavei" a minha vaga na IOB e, depois disso, tivemos contato várias vezes conforme fui crescendo na empresa. Adriana voltou com uma notícia que eu não esperava: minha inscrição havia sido aceita!

Era uma quarta-feira quando meu nome entrou no processo seletivo. Na segunda-feira seguinte eu entraria em férias e estava com viagem marcada. Na terça embarcaria com meu marido para Thermas do Rio Quente, em Goiás. Assim que minha inscrição chegou às mãos da Gerusa, ela me chamou para uma entrevista e já me encaminhou para o Guedes, diretor de vendas da nova área. Resumo da história: até hoje não conheço Thermas do Rio Quente!

Fui a última a ser entrevistada, e meu destino foi traçado pelo diretor: "Quando você pretendia viajar? Amanhã? Sinto muito, mas você não vai mais. Amanhã todo o time começa a operação. Quero você aqui". Fiquei atordoada, feliz, sem entender direito como tinha sido selecionada para trabalhar ao lado de quatro executivos experientes do mercado, com inglês fluente, pós--graduação e tudo aquilo que eu não tinha. Eu era uma operadora de telemarketing que tinha acabado de ser promovida a *key account junior* e trabalharia ao lado daquele time de plenos e seniores. Começaria no dia seguinte e não tinha nem roupa à altura do cargo. Saí da empresa e fui direito para uma loja de departamentos resolver essa questão. O restante ficaria para o dia seguinte. Em casa, tive que dar a notícia ao meu marido: "Não vamos mais viajar... porque eu fui promovida!"

Além das roupas, outra preocupação: meu Cenourinha, nome carinhoso que dei ao Corsinha adquirido com tanta luta, que não tinha sequer ar-condicionado... Eu só torcia para nunca ter que levar o diretor no meu carro.

8

As fortalezas para furar a bolha

Desde que entrei na IOB, fui muito elogiada por minha capacidade de fazer clientes e converter vendas – e sabia do meu valor. Cá para nós, chegava até a ser um pouco "folgada", por me achar diferenciada dos demais, e, com isso, me dava o direito a ter certas regalias, como fazer mais tempo de almoço. Chegava até a tirar um cochilo num cantinho. Minha chefe fingia que não via, porque sabia que, quando eu voltava depois da soneca, estava com a energia renovada, pronta para trazer mais e mais dinheiro para a área e o caixa da empresa. Não era a quantidade de horas de trabalho que importava. Eram os números que eu fazia.

Uma mulher preta da periferia que se dava ao luxo de fazer mais tempo de almoço que seus colegas. Em um mundo em que mulheres como eu costumam estar em desvantagem, eu estava encontrando um caminho, no mínimo, muito interessante. Um caminho para furar a bolha e sentar-me em cadeiras que ninguém imaginou que poderiam estar à minha espera. Aquela promoção para *key account junior* era simbólica: dos cinco executivos, eu era a única preta e única ainda sem diploma de curso superior. Meu salário fixo inicial como *key account junior* era de quatro mil reais, quase a metade do que meus colegas ganhavam. O restante viria das comissões de vendas. Já que eu ainda não tinha o mesmo currículo dos demais para ganhar à altura deles, entrei para o time com foco em colocar em prática o que já vinha fazendo a diferença na minha trajetória: trazer resultado.

A minha boa conversão estava baseada em alguns gatilhos que, hoje, vejo que foram essenciais em toda a minha trajetória – e que podem ser usados por qualquer profissional de vendas que queira melhorar sua performance. Naquela época, porém, eles eram intuitivos. Mais do que isso: eram as melhores armas que eu tinha, então era com elas que eu faria minha história de sucesso. Eu criava minhas trilhas e seguia sempre com o foco em bater metas. Hoje chamo essas habilidades de "Fortalezas para Furar a Bolha". Conto aqui como passei a usar cada uma delas nessa nova – e desafiadora – etapa em que eu tinha de continuar provando o meu valor:

1. Fortaleza do conhecimento

Não há dúvidas de que foi o conhecimento técnico que me diferenciou desde o início da minha carreira, e eu o obtive me dedicando a aprender aquilo que o cliente enxergava como valor. Ao dominar um tema complexo e/ou importante, passei a obter ótimos resultados no meu primeiro emprego no banco, quando aprendi a fazer os procedimentos de quitação de imóvel e, prestando esse serviço ao cliente, ganhava a simpatia dele e conseguia vender os seguros que me garantiam comissão de vendas.

O que eu fiz na IOB foi seguir a mesma lógica de não medir esforços para dominar algo complicado e levar uma solução pronta. O que eu fazia nada mais era do que uma venda consultiva em que, mais do que apresentar um produto, eu estudava a empresa e suas necessidades e montava uma solução personalizada, explicando por que aquilo seria importante/vantajoso para o meu cliente.

Para usar o conhecimento técnico a seu favor, é importante ser estratégico. Não é preciso discorrer por horas sobre um assunto, até porque a maioria dos executivos tem uma agenda concorrida e espera objetividade. Então, o objetivo é apresentar um produto e/ou serviço passando conhecimento e criando uma relação de confiança em que o vendedor mostra ao cliente que sabe o que importa para ele e como isso será entregue. Não é preciso ser PhD no assunto, mas entender de forma mais aprofundada dos temas que interessam ao cliente e que farão com que ele abra suas necessidades, confie em sua sugestão de solução, com seu produto, é claro, e feche a venda.

Por exemplo, a área tributária envolve temas complexos e que requerem sempre atualização. Eu não estudava tudo, mas o que era relevante levar para a gerência ou a diretoria tributária das empresas. O que eles precisavam ouvir? O que eu poderia oferecer para resolver os problemas deles? Era com esse foco que eu estudava e preparava minha apresentação de forma objetiva, indo direito ao ponto. Eu ficava especialista naquele tema. Até hoje sou especialista naquilo que o cliente quer ouvir. Isso é transformar conhecimento técnico em habilidade de vendas.

Passei a me destacar em vendas como *key account*, porque, na prática, essa fortaleza era um diferencial. Diferentemente dos meus colegas, que tinham suas habilidades adquiridas em outros mercados, eu era a única que conhecia a fundo o negócio e já estava treinada em apresentar os produtos da IOB. Agora, claro, o foco eram as grandes empresas, o que exigia um preparo ainda mais elaborado das informações. Mas continuava sendo uma venda consultiva direcionada para resolver problemas e levar soluções. Com isso, acabava ajudando o time de executivos e seguia na *pole position* de vendas, que era o lugar em que eu mais gostava de estar.

2. Fortaleza da conexão

Os regulamentos e guias tributários eram uma papelada que não acabava mais – e esse era um problema que muitas empresas traziam para mim. Uma questão de ordem prática, do dia a dia, muito mais simples do que qualquer solução que eu vendia. Mesmo sendo uma questão passível de ser considerada "menor", era uma dor dos meus clientes, que ficavam perdidos entre tantos papéis e tantas atualizações que chegavam. Quando ouvia esse tipo de lamentação, que era normal no momento das renovações de contrato, eu me sensibilizava com aquele problema e me prontificava na mesma hora: "Fique tranquilo que vou entregar um guia novinho para você, faço questão". O cliente fechava o contrato de renovação por mais um ano e ainda ficava satisfeito com a gentileza que facilitaria o dia a dia dele. Então, eu tinha amizade com o pessoal da expedição, e eles me ajudavam muito a atender meus clientes de maneira diferenciada. Ligava para o Xavier da expedição e pedia que ele providenciasse o novo guia. Qualquer executivo da IOB podia pedir um guia novo, mas a grande maioria não sabia que o cliente poderia receber um Guia novo.

A entrega eu mesma fazia, pois era uma maneira de conseguir espaço na agenda do cliente, fazer uma apresentação presencial. Nada substitui um olho no olho, e eu acabava criando uma conexão maior, conseguindo o telefone direto de quem decidia, e, assim, quando eu queria voltar, tinha as portas abertas. No dia que eu tinha visita marcada em alguma empresa cuja sede era no Centro Empresarial Nações Unidas, o CENU, eu acabava passando o dia, pois tinha quatro grandes contas ali. A reunião era na Microsoft, mas o cliente da Boston Scientific me encontrava no corredor e me chamava para um café. Eu me sentia praticamente em casa.

Conectar-se de forma genuína com o cliente é o que faz com que ele queira sempre ser atendido por você. Isso envolve, claro, trazer soluções e confiança por meio do conhecimento técnico, mas vai além. Se eu for resumir em uma expressão, isso é "atendimento VIP ao cliente". Em outras palavras: faça tudo o que estiver ao seu alcance para que ele se sinta especial e tenha uma experiência memorável. Isso envolve cultivar um bom relacionamento não apenas com o cliente, mas com as pessoas da empresa de modo geral, porque, muitas vezes, o atendimento VIP não se faz sozinho.

Outra atitude que eu sempre tive foi a de deixar uma linha direta aberta comigo. Eu criava uma conexão que não se acabava no contrato fechado ou renovado. Estava disponível para qualquer questão após a venda. Não me importava de dar todo o atendimento pessoalmente até mesmo quando se tratava de uma questão ligada a outras áreas, como o suporte. Eu que fazia a ponte, pois aquele momento era sempre uma oportunidade de manter a conexão quente e dar continuidade ao relacionamento.

Até hoje mantenho contato com diretores de grandes empresas as quais comecei atender quando fui *key account*. E considero importante participar do pós-venda, porque sei exatamente o que vendi, tecnicamente falando, e o que será implementado na organização. É claro que não vou fazer o trabalho técnico, mas considero importante estar próxima, acompanhando e reforçando o elo de confiança que estabeleci no momento da venda. Vender não é só montar uma proposta, é se comprometer com todo o processo.

Uma vez que o cliente é conquistado, ele não quer mais trocar o atendimento. Lembro que, mesmo quando era preciso fazer um rodízio nas contas entre os executivos, era muito difícil alguém convencer o cliente a ser atendido por outra pessoa. "A minha executiva é a Thaís, e eu não quero outro executivo, não". Eu ficava toda vaidosa e, mais importante, me sentia fortalecida, sabendo que estava no caminho certo.

3. Fortaleza da diferença que virou diferencial

Criei um mecanismo de defesa para não permitir que minha cor ou origem social fossem motivo para alguém fazer eu me sentir por baixo. Assim como, desde pequena, eu estava certa de que tinha o direito de sentar-me em qualquer mesa de qualquer restaurante, isso continuava a valer para as mesas de trabalho.

Em vez me encolher, tomei a decisão de tirar proveito da minha diferença e torná-la um diferencial. Sendo assim, nada que me fizesse encolher teve lugar na minha vida por muito tempo. Tanto é que, se você me pedir para listar as situações de preconceito que vivi no trabalho, não vou conseguir, porque não me conectei com elas. Se percebia qualquer tentativa de me derrubar, era ali que eu me fortalecia. Em vez de usar uma porta fechada como um "não, você não está autorizada a entrar aqui", eu enxergava aquilo como um desafio. "Agora é que vou abrir essa porta de qualquer jeito." E assim criava minhas armas.

Eu neutralizava com simpatia, postura e resultado qualquer possibilidade de o preconceito me diminuir. As portas se abriam para mim porque usei essas armas para provar que ser uma mulher preta não é motivo para alguém me definir como inferior.

Eu me tornei a *key acount* com os melhores números da empresa, a mais simpática e querida pelos clientes e a mais bem-arrumada – sim, sempre adorei andar bem-vestida e fazia questão de caprichar. E é claro que uma fortaleza leva à outra. O fato de eu ter os melhores resultados, graças ao conhecimento e ao meu poder de conexão, fortalecia minha autoestima. A ponto de eu ser até um pouco "espaçosa". Um exemplo disso foi quando a empresa mudou a configuração das mesas e não havia mais lugar definido para cada vendedor. A determinação do presidente foi de que cada um retirasse seus itens pessoais da mesa que ocupava. Acha que tirei meus porta-retratos? Que nada! Só eu tinha lugar fixo. E se algum desavisado fosse usar, havia sempre quem alertasse: "Não, esse é o lugar da Thaís".

Em contrapartida, todo mundo podia contar comigo. Eu ajudava todos os executivos a montar suas propostas. Acabava atuando como uma especialista em pré-venda. E, quando chegava um novo colaborador, era comigo que ele fazia treinamento. Eu o levava nas visitas aos clientes para ensinar e adorava se alguém dizia: "Nossa, Thaís, acho que nunca vou conseguir ficar igual a você". Toda envaidecida, eu respondia: "Vai que você consegue! Dessa forma, eu vivia numa corrente positiva em que era valorizada pelas metas de vendas batidas mensalmente e pelos colegas que contavam com a minha ajuda.

Como executiva de contas, também colecionei realizações pessoais. Mesmo tendo uma vida profissional intensa, engravidei e me tornei mãe de uma linda menina, a Esther. Pude contar com a ajuda da minha mãe para cuidar da minha filha. Tudo estaria dentro dos meus planos, não fosse uma crise.

Minhas fortalezas não são apenas armas: são pontes para atravessar barreiras intransponíveis.

9

O que de pior pode acontecer com você? A importância do autoconhecimento

Já era o meu quinto ano como *key account* quando a IOB foi vendida para uma multinacional, e a realidade da empresa ficou bem diferente. Houve mudança na remuneração dos funcionários, e isso impactou diretamente os meus ganhos e minha vida financeira. Passei a ficar insatisfeita com aquele processo e bastante preocupada com meu futuro. Meu crescimento profissional tinha melhorado o nosso padrão de vida, mas também havia mais contas a pagar.

Com a redução nas comissões de venda, pela mudança no modelo de remuneração, passou a ficar complicado ficar em dia com os boletos – especialmente o do financiamento da nossa nova casa. Não havia energia, conhecimento técnico ou bom relacionamento com os clientes capaz de reverter a minha realidade, pois a crise pela qual a empresa estava passando era bem maior do que eu. Essa crise se alongou por um bom tempo, e, como eu era responsável por mais de 80% da renda da família, a situação se agravou bem na fase em que tínhamos acabado de tomar a decisão de trocar nosso apartamento por uma casa de padrão classe média em um condomínio. A compra havia sido uma oportunidade única, pois o proprietário da construtora, Seu Domingos, que tinha noventa anos quando me conheceu, logo percebeu minha garra e falou: "Thaís, queria que uma das minhas filhas fosse como você, e, apesar de não ser minha filha, vou te ajudar. Em vez de financiar a diferença da casa no banco, você pode parcelar e pagar diretamente para mim". Como eu não aproveitaria essa oportunidade incrível? Não hesitei e segui em frente.

Bem nessa época, para minha surpresa, fiquei grávida do meu segundo filho. Ainda estava na licença-maternidade do Davi quando recebi proposta de trabalho de uma empresa bem menor, chamada FiscoSoft, que estava procurando uma liderança para tocar um novo projeto. Eles estavam trazendo para o mercado uma solução de alta complexidade e precisavam de uma pessoa de vendas que também tivesse conhecimento técnico. Foi então que o meu nome surgiu na mesa. O plano era que eu iniciasse uma nova área que venderia soluções de inteligência fiscal, que, mediante uma base de regras estruturadas, fosse capaz de automatizar a atualização de tributos no sistema dos clientes e, a partir dos dados estruturados, também auditasse notas fiscais e outras obrigações acessórias. Eu sabia que a digitalização, com o avanço da tecnologia, principalmente do lado do fisco, era o caminho natural do mercado, e essa seria uma chance de ajudar a construir o futuro. Em contrapartida, eu estava diante de uma escolha bem difícil.

Se por um lado eu não via muito futuro na IOB, que, apesar de passar por uma fase difícil, ainda era a grande líder do mercado, por outro a minha segunda opção era uma empresa pequena em que eu seria chefe de uma área sem funcionários, começaria do zero. Eu vivia um grande dilema, porque tinha medo de jogar fora tudo o que tinha construído até ali. Sempre sonhei em trabalhar numa grande organização e cheguei lá. Será que não faria uma grande bobagem ao me aventurar num projeto intraempreendedor? Deveria pedir as contas em uma empresa de mil e quinhentos funcionários para entrar em outra empresa de menos de duzentos? Aquela dúvida tirava o meu sono.

Eu estava bem limitada financeiramente naquele momento, mas precisava relaxar e pensar melhor. O meu lado "nega doce" falou mais alto, e me dei ao luxo de passar alguns dias em um spa. "Nem sei como vou pagar, mas eu vou", pensei. Levei comigo, obviamente, a minha facilidade de conexão que nunca me largou. Estava em um daqueles banho de imersão quando me sentei ao lado de uma moça e começamos a conversar. Sou daquelas pessoas com dificuldade zero de engatar conversa com desconhecidos e fazer amizade. A Adriana me contou que era psicanalista, falou de sua paixão por sua profissão e por ajudar pessoas, e eu acabei contando um pouco sobre os momentos bastante difíceis que estava vivendo. Ela me disse que talvez pudesse me ajudar e que, diante daquela dificuldade financeira momentânea, me cobraria um valor simbólico para que eu pudesse começar as sessões de terapia. Voltei do spa certa de que o investimento valera a pena. Uma luz se abriu com a possibilidade daquele tratamento.

Era a primeira vez que eu passava por um processo de autoconhecimento. Até então, sempre que tive a chance de investir em mim foi com foco em adquirir conhecimento técnico para aplicar no meu trabalho. Foi assim com todos os cursos e treinamentos que apareceram no meu caminho, com a faculdade... Tudo o que eu fazia era na base da ação, reação, no modo sobrevivência e foco no sucesso, sem consciência de qualquer processo interno. Então eu descobri a psicanálise e estava prestes a viver uma experiência inédita.

A cada sessão, Adriana me trazia gatilhos mentais que me movem até hoje. A partir deles, a gente conversava, eu chegava às minhas conclusões e tomava decisões. Foi assim que ela me ajudou a lidar com aquele momento de crise. E o gatilho principal que desatou os nós dos meus dilemas foi uma pergunta-provocação: "Thaís, o que de pior pode acontecer com você?"

Comecei a usar essa pergunta para cada questão que me tirava o sono. Primeiro, o financiamento da casa que passou a ficar pesado desde que a IOB mudou a remuneração. "O que de pior pode me acontecer se eu entregar a casa e alugar uma casa menor?" Qual é o problema em recomeçar para sair desse problema financeiro?" Refleti a respeito, pensei que um dia morei no "quilombo" e já tinha dormido no chão da sorveteria. O pior que poderia me acontecer em relação à moradia no meu momento atual ainda era muito melhor do que eu já tinha vivido. E mesmo naqueles lugares eu era feliz. Aliás, foi a partir daquelas realidades que cheguei aonde estava. "Por que não recomeçar? O que te impede? Você quer mostrar para quem? De qualquer forma, você vai ter um teto para morar", a psicanalista me provocava com essas pílulas de reflexão. Tomei coragem e entreguei a casa. Tirei um peso enorme das minhas costas. Ainda não era tudo. Faltava definir o meu rumo profissional.

Como se não bastasse a dúvida entre IOB e FiscoSoft, outra opção apareceu para me deixar mais dividida. A sorveteria dos meus pais não tinha dado certo, e meu pai partiu para outra tentativa empreendedora. Comprou umas máquinas de impressão off-set e começou a vender cartões de visita e impressos gráficos. O negócio começou a dar um pouco certo. Como eu tinha visitas para fazer na cidade de São Paulo inteira e não sabia me virar muito bem de carro – pense em uma época em que ainda não existia nenhum tipo de GPS –, meu pai me levava algumas vezes nos meus clientes. Para ajudá-lo, eu aproveitava e oferecia o serviço de impressão dos cartões nos estabelecimentos localizados nas proximidades dos escritórios dos meus clientes. Acabava fechando vendas e isso me acendeu uma luz, que compartilhei com a minha psicanalista.

"Adriana, acho que eu estou querendo mudar. Vou vender impresso para o meu pai, vou sair desse mercado." Ela, então, me levou a um processo de reflexão que estava muito além de definir em qual mercado ou empresa eu trabalharia. Ela me fez pensar que tipo de vida eu queria levar e foi me mostrando alguns valores que eu tinha, que eram importantes para mim e que poderiam fazer toda a diferença na escolha que estava em minhas mãos. Entendi o que ela quis dizer.

Vendendo cartões de visita, eu até poderia ganhar o mesmo dinheiro ou até o dobro do que ganhava como executiva de vendas, mas meu dia a dia seria outro. Para vender cartões de visita, eu seria uma Thaís que deixaria os vestidos bem cortados e o sapato de salto-alto no armário e passaria a usar jeans e tênis para encarar as caminhadas nas calçadas, de loja em loja, com conforto. Eu também seria uma Thaís que abandonaria as vendas complexas, as conversas com os diretores das empresas e passaria a circular em outro tipo de contexto. Parecem detalhes, mas o dia a dia é feito de detalhes, de pequenas coisas. Ao me visualizar naquela nova vida, eu não me sentia cheia de energia, empolgação e vontade como quando eu era uma estudante da periferia que sonhava em usar salto-alto para trabalhar e frequentar escritórios dos prédios mais sofisticados da cidade.

"Essa nova realidade faz sentido para você?", Adriana me perguntou. "Não, não tem nada a ver com comigo", respondi de imediato. Até posso ganhar menos, mas preciso desse glamour que o trabalho que tenho hoje me dá. Isso é algo que me move e é importante para mim. Assim, minha decisão voltou a ter apenas as duas opções iniciais.

Se por um lado eu tinha medo de deixar a segurança da maior empresa do segmento – Davi já tinha nascido e agora eu era mãe de dois, precisava saber bem o que faria da minha vida –, por outro estava tentada a aceitar a proposta da empresa menor, que incluía cargo de gerente, a possibilidade de montar uma equipe do zero, do meu jeito, a possibilidade de ditar as minhas regras, na minha área, a linha direta com os diretores. "Você vai fazer o que você quiser. Você vai construir a sua equipe, construir tudo." Nossa! Aquilo tudo me encantava.

Continuava levando para terapia toda essa situação. Demorei mais de um mês para tomar a decisão. Então, aquela pergunta libertadora voltou às minhas reflexões:

"O que de pior pode me acontecer?"

Eu mesma respondi: "Se eu for e não der certo, posso ser recontratada ou ir para o mercado. Passar fome, não vou". Assim, tomei a decisão de aceitar a proposta.

10

"Faz parte do meu desafio"

A possibilidade de ter feito a escolha errada me apertava o estômago. Mesmo assim, segui o meu novo plano e fui comunicar meu chefe e o RH da IOB que estava me desligando da empresa. A notícia foi recebida com muita resistência. Eles não queriam que eu saísse. Argumentei que na outra empresa eu seria gerente e, na mesma hora, eles me ofereceram uma vaga de gerente. Aquela situação não facilitava em nada a minha vida. Pelo contrário, me deixava insegura. Mesmo assim, fui firme, resisti a qualquer proposta tentadora e fui para o meu novo desafio, na empresa nova, em que me prometeram mil maravilhas.

Cheguei à FiscoSoft para assumir uma área inteira composta por uma pessoa só: eu. Sabe aquela expressão: "Naquela época isso tudo era mato?" Pois bem. Eu estava no matagal, com uma enxada, pronta para transformar o setor de soluções inteligentes para área tributária numa lavoura produtiva.

Apesar de ser gerente dessa "euquipe" que não tinha glamour algum, minha chegada gerou certo incômodo nos gerentes de outras áreas. Nada que eu não tivesse vivido antes. Um dos desafios desse começo foi não me importar com comentários e focar no meu trabalho. Desde a escola tive de me desconectar de comentários maldosos para focar nos estudos. Eu entendia bem de rejeição e, apesar de a sentir, não me deixaria abalar por isso.

Também superei o fato de, apesar de o carro próprio para trabalho ser uma exigência da empresa, não haver vaga no estacionamento no prédio para mim. Eu precisava deixar meu carro longe, pegar metrô até a avenida Paulista e caminhar a pé, em cima do salto, uns bons quarteirões, com notebook na bolsa e morrendo de medo de ser assaltada. Esses tipos de estresse no primeiro mês de trabalho eram relativamente fáceis de contornar diante do que acontecia na minha vida pessoal.

Meu bebê, Davi, estava com cinco para seis meses e teve de ser internado com suspeita de fibrose cística, uma doença que afeta principalmente o pâncreas, os pulmões e o sistema digestório da criança. Imagine como estavam o meu coração e o meu sistema emocional! Nos quase quarenta dias que meu filho ficou no hospital, eu dormi com ele e não deixei de ir para o escritório um dia sequer. Armei um esquema de revezamento com minha mãe, que passava o dia com ele. De noite, a Esther, que passava o dia na escolinha, dormia com o pai.

Claro que levava toda essa situação para minhas sessões de psicanálise. E delas saí com uma nova frase que passou a ser um mantra diante de cada situação indesejada naquele mês interminável: "Faz parte do meu desafio". Graças a Deus e a muitas orações, Davi voltou para casa e se desenvolveu como um menino saudável.

Segui trabalhando nas soluções que precisava desenvolver na área e passei a montar o meu time. Em cada tropeço, eu entoava: "Faz parte do meu desafio, faz parte do meu desafio". Além de usar esse "mantra" à exaustão, também procurei focar no que havia de bom naquela nova realidade, comparando com meu antigo trabalho. Na nova empresa, eu estava perto de quem decide. Na empresa anterior, havia toda uma hierarquia de presidente, diretor, gerente, e eu era apenas uma executiva. Além desse contato direto com os sócios, eu estava atuando na área que era vista como uma nova solução, a menina dos olhos deles que seria o principal produto da empresa em pouco tempo.

Depois de pouco mais de um ano, a FiscoSoft Editora foi vendida e, como a nova empresa já tinha sido criada fruto de uma cisão, no lugar entrou a Systax que já era o nome do produto que estávamos começando a vender. Apesar de ter uma área comercial própria, os fundadores sempre tinham a intenção de intensificar a área de parcerias para tracionar as vendas por meio de canais. Com a cisão, essa ideia se intensificou, e incluíram um novo sócio com bastante experiência no assunto. Esse sócio convenceu os demais a trazer alguém mais experiente do mercado em alianças. Contrataram, então, uma prestadora de serviço que venderia o novo produto e, como consequência, seria o meu chefe. Ter um chefe além dos sócios não estava nos meus planos, e isso me deixou bem contrariada. Respirei fundo e pensei: "Faz parte do meu desafio".

Naquele mesmo momento, um diretor da IOB me fez uma proposta para voltar. Eles não tinham desistido. Minha foto ainda estava no site da empresa. Ganhar mais e ter um cargo mais alto no lugar que eu já conhecia, trabalhar com um time que gostava de mim, no negócio que eu já conhecia... era tentador. Mas me segurei. "Não, obrigada, eu vou ficar, porque tenho um objetivo, sou gerente e quero ver a empresa crescer", respondi.

Segui entoando o mantra "faz parte do meu desafio, faz parte do meu desafio" e focando no que havia de bom na minha escolha. Àquela altura, por exemplo, minha euquipe já tinha ganhado reforços com uma assistente e uma executiva de contas.

Outra vantagem inegável era que eu estava aprendendo muito – e sabia quanto aquilo era valioso. A cada dia eu me tornava tecnicamente muito melhor, adquirindo o conhecimento de tecnologia aplicado ao tributário. Já estava em outro nível, e isso também me movia – não era só o dinheiro. Hoje, olhando de fora e com mais experiência, vejo que toda vez que começamos algo novo é natural que venha desafio seguido de desafio. Portanto, não há melhor forma de encará-los do que com resiliência, na certeza de que eles fazem parte do processo.

Cada desafio que enfrentei moldou minha coragem, transformando obstáculos em degraus.

11

De "euquipe" a superequipe

Depois do início conturbado e cheio de dilemas na Systax, minha vida começava a entrar em um ritmo normal – digo, tudo dentro do que eu sempre estive acostumada: acelerado, com metas a serem batidas... O exercício de resiliência somado às sessões de psicanálise me ajudou a seguir focada e a não me abalar com os planos e combinados que não saíram conforme o que eu esperava.

Algumas situações, o tempo deu conta de resolver. Aquela empresa de consultoria de vendas que fora contratada para vender o novo produto acabou não trazendo o resultado esperado. O diretor externo, que tinha se tornado meu chefe, não entendia nada de tributário. Resumindo a história, ele foi embora e eu assumi oficialmente a operação como head da área. Até mesmo porque eu segui o plano e toquei a área como planejava, uma reunião quinzenal de pipeline com o meu "chefe" externo não fazia muita diferença. Assim, pude seguir montando meu time, que vinha crescendo, bem como os nossos resultados. Minha vida financeira voltou a um patamar de estabilidade e, pouco a pouco, foi dando saltos. Deixei a primeira casa alugada e fui para outra maior. Depois comprei um apartamento.

A euquipe tinha ficado no passado. Agora, éramos quatro pessoas, e eu passei a ganhar sobre as vendas do meu time. Estava vivendo pela primeira vez os desafios de uma posição de liderança. Como gestora, a única certeza que sempre tive era a ideia de que eu não podia ficar sentada à minha mesa esperando os executivos baterem as metas sozinhos. Eu precisava agir, pois toda ação gera resultado. Se ficasse parada, a única certeza era a de que eu não chegaria a lugar algum.

Sendo assim, apoiava as pessoas que estavam comigo, acompanhando suas vendas, prospecções, negociações. Sempre puxei a responsabilidade para mim. Queria estar bem-informada do que acontecia com cada cliente, a fim de poder ajudar a fechar projetos e trazer contratos. A pergunta que me movia diariamente era: "Que parte de mim como diretora desta área pode ajudar o time a trazer resultado?" Em contrapartida, entendi que liderar é distribuir responsabilidades. Eu não poderia, nem deveria, nem queria centralizar nada. Por isso, precisava treinar meu time nas habilidades que trariam resultado. Dessa forma, eles estariam aptos a assumir alguns desafios e, assim, brilhar e ganhar muito dinheiro.

Vender não é apenas fechar negócios; é construir relacionamentos, ser persistente e entender as necessidades do cliente.

Além de imprimir um estilo presente de liderança, foi isso o que procurei passar para o meu time. E sempre fui uma líder que propicia um ambiente criativo e colaborador. Compreendia que uma líder precisa ter o time engajado, com a empresa, com o produto, comigo.

Eu usava algumas estratégias principais que sempre ajudaram a trazer resultados bem-sucedidos e fiz questão de transmiti-las como gestora, pois, se você não vende, certamente trabalha para alguém que vende – não importa a profissão, cada vez mais as pessoas têm percebido isso.

1. Tentar de novo e de novo

Persistência é a chave em vendas. Principalmente em caso em que estamos gerando a demanda, "colocar o escorpião" na mesa do cliente não é uma tarefa fácil. É necessário não desistir facilmente e tentar continuamente atingir seus objetivos. Isso não tem nada a ver com ser um vendedor inconveniente, mas com construir relacionamento e investigar a melhor forma de atender às necessidades do cliente, pois todos têm necessidades, mesmo que implícitas.

Se o cliente disse "não" para um projeto, procure entender os motivos para readequar o formato. Em uma venda consultiva, em que vendemos uma solução, por exemplo, existem várias formas de entregar um produto. Certamente uma delas será sob medida para as expectativas e a realidade do cliente. Quem insiste em aprimorar sua proposta certamente chegará a um denominador comum que é exatamente o que seu cliente precisa – e ele será grato a você por ter-se dedicado a adequar sua entrega. Portanto, mesmo que um cliente em potencial diga "não", isso não significa que seja o fim da negociação. Eu diria até que é o começo!

É importante ter em mente que o mais difícil já foi feito: conectar-se, marcar uma reunião e ter a atenção do cliente. Mostrar determinação e comprometimento pode eventualmente levar a uma venda bem-sucedida, mas não precisa ser na sua hora. Estressar o cliente em algumas situações pode ser pior. A leveza é uma chave importantíssima para o sucesso em vendas consultivas que, diferentemente de uma venda de impacto, deixa o cliente extremamente estressado e desconfiado.

Jargões como "O meu produto tem tudo de que você precisa" soam arrogante e "queimam o filme". Conheça seu cliente, faça as perguntas certas, ouça mais para direcionar a sua apresentação e deixe que ele chegue à conclusão de que a melhor solução de que ele precisa está ali, diante de seus olhos. Na maioria dos casos, a venda, na prática, ocorre em pouco tempo, o resto é processo. Daí a importância do mapeamento de necessidade e processo de decisão de compra no cliente.

Recordo-me claramente de uma experiência que reflete bem a importância da persistência e do relacionamento nas vendas. Estávamos tentando vender um projeto para uma grande rede de drogarias. Curiosamente, a gerente da área tributária também se chamava Thaís. A empresa havia passado recentemente por uma série de aquisições, o que gerou enorme dificuldade na integração dos sistemas e na unificação de cadastros. Além disso, eles enfrentavam todos os desafios típicos do varejo – desde a falta de padronização de processos até dificuldades em lidar com a alta rotatividade de produtos e fornecedores.

Quando nos reunimos pela primeira vez, apresentamos uma solução que, aos nossos olhos, parecia ser exatamente o que eles precisavam para resolver a complexidade fiscal e tributária que estavam enfrentando. Entretanto, naquele momento, as demandas internas deles estavam completamente sobrecarregadas. Estavam lidando com tantas frentes ao mesmo tempo que a ideia de introduzir um novo projeto, mesmo que para melhorar seus processos e trazer eficiência, parecia mais uma sobrecarga do que uma solução. Era como se, no meio de um furacão, eles não conseguissem ver que havia uma saída.

Mesmo após demonstrarmos os benefícios e mostrarmos que nosso projeto poderia ser implementado de forma gradual, sem causar mais estresse para a equipe, a resposta foi "não". E não foi uma única vez. O projeto foi adiado várias vezes ao longo dos meses, sempre por questões internas da empresa. A nossa proposta estava pronta, o projeto estava no ponto de ser iniciado, mas o timing simplesmente não favorecia a aprovação.

Naquele momento, percebi que insistir da maneira tradicional poderia ser prejudicial, então optamos por manter o relacionamento e continuar oferecendo suporte, mesmo sem insistir diretamente no projeto. Mantivemos contato com a Thaís, enviando artigos, cases de sucesso e insights que poderiam ajudá-la em outros desafios, criando uma conexão mais pessoal e verdadeira. Não era mais apenas uma questão de projeto, mas de oferecer valor de várias maneiras, construindo confiança ao longo do tempo.

Seis meses depois, quando já estávamos prontos para seguir em frente e prospectar outros clientes, recebi uma ligação inesperada. A gerente Thaís havia sido promovida e assumido uma posição de diretoria em uma das maiores redes de varejo do país. Para nossa surpresa, ela se lembrou de nós. O impacto do nosso relacionamento ao longo daqueles meses, mesmo sem uma venda imediata, foi grande. Ela sabia que nossa solução era o que eles precisavam, e agora, com mais poder de decisão, estava pronta para implementá-la.

O interessante é que, naquela época, o ciclo de vendas para um projeto desse porte costumava levar quase um ano entre a primeira reunião e o fechamento. No entanto, como o relacionamento já havia sido construído, e a confiança já existia, conseguimos fechar o projeto em menos de dois meses.

2. Usar a criatividade e inovar-se sempre

A persistência anda de mãos dadas com a criatividade e a capacidade de inovação. É a criatividade que permite adaptar suas ofertas para atender às necessidades específicas do cliente, inovando na maneira como você apresenta soluções. A venda não ocorre simplesmente por apresentar um produto, mas, sim, quando você consegue fazer o cliente visualizar o valor agregado, e isso acontece na cabeça dele. Uma vez mapeados os decisores e o processo de compra, o foco deve ser nas pessoas, e é aí que a criatividade se torna uma ferramenta poderosa para gerar confiança e engajamento.

O conhecimento técnico é, sem dúvida, crucial nesse processo. No entanto, sem ações intencionais para direcionar a oportunidade para o fechamento, um vendedor corre o risco de se transformar apenas em um consultor gratuito, oferecendo insights valiosos sem garantir a venda. Muitas vezes, o vendedor assume o papel de arquiteto da solução, identificando e ajustando cada aspecto das necessidades do cliente, mas, se a condução da oportunidade não for estratégica, o fechamento do negócio poderá não acontecer.

Quando um vendedor demonstra ser criativo, ele também transmite uma capacidade inata de resolver desafios e, assim, passa ao cliente a segurança de que pode ajudar em momentos cruciais. A criatividade também é uma porta para aumentar o ticket médio de vendas. Incorporar soluções adicionais à oferta ou reformular a proposta antes de uma negativa devido a restrições orçamentárias é uma forma de manter a oportunidade viva. Por exemplo, se o cliente não pode pagar pelo projeto completo, a criatividade pode permitir criar uma versão inicial que atende parcialmente à necessidade, mantendo a parceria em andamento e criando uma base para expandir no futuro.

A inovação surge como um complemento natural à criatividade. Muitas vezes, as pessoas associam inovação a investimentos altos, principalmente em tecnologia. No entanto, nem sempre é necessário um investimento significativo. Pequenas mudanças nas abordagens e na percepção podem ser altamente inovadoras e impactantes. A inovação pode ser tão simples quanto oferecer uma experiência diferenciada ao cliente, algo que ele não esperava, mas que agrega valor e solidifica o relacionamento.

Em 2023, tive a oportunidade de dar uma palestra aos associados do Conselho Regional de Contabilidade de São Paulo (CRC), na qual estavam presentes mais de dois mil contadores. Muitos deles, donos de escritórios de contabilidade, prestam serviços para diversas empresas. Nessa palestra, sugeri algumas formas práticas de inovar nos seus negócios, sem que fosse necessário um grande investimento financeiro. Uma das minhas sugestões foi a criação de newsletters segmentadas, personalizadas para diferentes perfis de clientes. Além disso, recomendei a organização de encontros mensais para discutir mudanças relevantes que impactam diretamente os custos de setores como a indústria, distribuição, entre outros. Isso gera valor agregado, pois demonstra um profundo conhecimento do setor do cliente e oferece uma oportunidade de interação proativa.

Como eu disse durante a palestra, a cereja do bolo seria incluir um coquetel ou um simples café nesses encontros, criando um ambiente descontraído onde os clientes se sintam à vontade para interagir e discutir seus desafios. São ações como essas que mudam a percepção do cliente em relação à entrega do serviço. Elas vão além do contrato estabelecido e geram um valor emocional que não pode ser mensurado diretamente, mas que é extremamente relevante na construção de uma relação de confiança.

Esse exemplo reforça que a venda acontece, de fato, na mente do cliente. Quando ele percebe que está recebendo mais do que o esperado, especialmente em formas que afetam diretamente seu negócio e o relacionamento que mantém com o prestador de serviço, o processo de vendas e retenção torna-se quase psicológico. Portanto, desde as primeiras ações de marketing e

De "euquipe" a superequipe

branding até o pós-venda, é preciso ser intencional. Não se trata apenas de vender um produto ou serviço, mas de oferecer uma experiência completa, que cative e mantenha o cliente engajado a longo prazo.

Outra forma de inovar que trouxe excelentes resultados foi durante o período de grandes mudanças para os clientes do setor de E-commerce, especialmente com a implementação da Emenda Constitucional 87. Naquela época, percebemos que havia uma grande lacuna de entendimento sobre os impactos que essa mudança tributária traria para os negócios, tanto em termos de formação de preços quanto na adequação de processos internos. A maioria dos clientes, principalmente grandes empresas, estava sobrecarregada com o volume de informações e não sabia como se preparar para as mudanças iminentes.

Em vez de organizar grandes eventos, que muitas vezes acabam sendo impessoais e genéricos para tantos clientes ao mesmo tempo, decidimos inovar e adotar uma abordagem mais íntima e personalizada. A ideia foi criar workshops curtos, focados em conscientizar os decisores das empresas sobre as implicações reais da reforma tributária para seus negócios específicos. Em vez de apenas comunicar a mudança, queríamos educar o cliente de forma estratégica, mostrando não apenas o impacto imediato, mas também como essas alterações afetariam sua competitividade no mercado a longo prazo.

Optamos por reunir os principais decisores de cada empresa, desde os diretores financeiros até os líderes das áreas de operações e tributária, em um ambiente de aprendizado mais controlado. O foco desses workshops não era vender diretamente nossa solução, e sim criar um espaço educativo. Sabíamos que, ao fornecer informações valiosas e mostrar domínio sobre o tema, estaríamos agregando valor para o cliente e nos posicionando como parceiros estratégicos, prontos para ajudá-los a navegar por essas águas turbulentas.

O impacto foi imediato. Esses workshops não só aproximaram os clientes de nós, como também criaram uma percepção forte de que estávamos realmente comprometidos em ajudá-los a se adaptar a essas mudanças. Em vez de simplesmente apresentar um produto ou solução pronta, mostramos que estávamos ao lado deles, entendendo suas dores e desafios e oferecendo o conhecimento necessário para que tomassem decisões informadas.

Além disso, esses eventos menores criaram um ambiente de confiança, onde os clientes se sentiram à vontade para compartilhar suas preocupações e discutir suas estratégias. Esse tipo de diálogo é valioso, porque vai além de uma simples transação e constrói uma parceria de longo prazo. Muitas vezes, essa abordagem educativa nos levou a vendas mais rápidas, pois os clientes já estavam convencidos do nosso entendimento profundo sobre suas necessidades e desafios. Eles sabiam que não estávamos ali apenas para vender algo, mas para resolver problemas reais, de forma consciente e planejada.

Essa inovação na forma de abordar nossos clientes não apenas nos diferenciou dos concorrentes que seguiam modelos tradicionais de eventos em massa, mas também intensificou nossa imagem como consultores estratégicos que estão sempre à frente das mudanças, prontos para apoiar e conduzir os clientes em momentos críticos.

3. A venda acontece na cabeça do cliente

Quando falo que a venda acontece na cabeça do cliente, quero dizer que, no caso de uma venda corporativa, apesar de ser uma empresa que vai comprar o produto ou serviço, são pessoas que vão tomar as decisões. Então, não se trata apenas de apresentar um produto ou serviço, mas de criar uma visão na mente do cliente. Ao entender os desafios dele, é possível demonstrar como seu produto ou serviço pode resolver seus problemas. E conhecer quem é o cliente e elaborar uma estratégia para cada comportamento de compra, desde as ações de marketing, construindo gatilhos mentais específicos para cada público, aumenta a probabilidade de o cliente se conectar para conhecer melhor e, consequentemente, de a compra acontecer na cabeça dele.

São vários os gatilhos envolvidos nesse processo. Fazer uma exposição ao decisor que acabou de chegar na companhia, mostrando que está trazendo melhoria de processos, é uma delas. Redução de esforços operacionais para que o time atue mais engajado em atividades mais estratégicas para o negócio, ou até mesmo redução de riscos é outra. Mas vale lembrar que é importante tomar cuidado com alguns gatilhos que podem trazer objeções ou ser mal interpretados.

Recordo que usávamos o gatilho de redução de custos para empresa, principalmente na redução do time fiscal após a implementação da solução, e vários coordenadores avaliavam mal, temendo perder o emprego. É comum ao decisor envolver o gestor operacional na avaliação de uma solução corporativa que traga melhorias de processo, mas, se quem participa do processo de decisão se sente ameaçado, você dará o tiro no pé. Nesse caso, use como abordagem num primeiro momento "uma solução que trará melhoria operacional". Costuma soar muito bem aos ouvidos de qualquer gestor.

Para entender quais gatilhos usar, é preciso conhecer o máximo possível a jornada de compra do cliente e observar o seu interlocutor a fim de entender qual é a forma como ele compra e quais as motivações e gatilhos que poderiam engajá-lo. Isso é entender a jornada do cliente. Quando você mapeia esse processo, fica muito mais clara a forma como deverá construir o processo de venda, que, apesar de ser individual, percebemos que se repetem muito ao longo dos anos. Por isso, usar o concorrente ou parceiro comercial desse prospect como benchmark fará toda a diferença nesse processo.

Um dos casos mais marcantes que vivi, e que ilustra bem a importância de fazer a venda acontecer na mente do cliente, envolveu uma grande indústria de cosméticos que nos procurou com uma necessidade bastante desafiadora: realizar um levantamento detalhado do ICMS ST (Substituição Tributária) em todos os vinte e sete estados brasileiros. Naquela época, nossa solução específica para esse levantamento ainda não estava totalmente finalizada. Mas, em vez de esperar que o produto estivesse pronto para iniciar o contato com o cliente, decidimos adotar uma abordagem consultiva e proativa, algo que, a meu ver, fez toda a diferença.

Levei comigo uma consultora experiente e pedi que ela realizasse um estudo prévio sobre a situação. Nosso objetivo era simples: entender profundamente o cenário do cliente e apresentar um plano preliminar que mostrasse que estávamos totalmente preparados para enfrentar o desafio, mesmo que nossa solução ainda estivesse em desenvolvimento. Sabíamos que o cliente precisava de mais do que um simples produto; ele precisava de uma parceria estratégica, alguém que pudesse não apenas entregar uma solução técnica, mas ajudá-lo a navegar por uma questão complexa que afetava diretamente suas operações. A reunião de entendimento e alinhamento superou nossas expectativas. Entramos com uma postura de escuta ativa, fazendo as perguntas certas e, mais importante, demonstrando que estávamos ali para oferecer uma solução personalizada para a realidade deles. A conexão com os decisores foi tão forte que, mesmo antes de o produto estar completamente pronto, já saímos de lá com os próximos passos definidos. Essa postura de antecipação e disposição para solucionar o problema antes mesmo de termos todas as ferramentas prontas consolidou nossa relação com aquele cliente.

O que torna esse caso ainda mais especial é que a consultora, mesmo sabendo das limitações que tínhamos naquele momento, fez o levantamento de forma altamente consultiva. Ela ofereceu insights valiosos, ajudando o cliente a visualizar as possíveis soluções e implicações para o negócio. Foi como se a venda já tivesse acontecido na mente deles durante a reunião, pois criamos um ambiente onde eles se sentiram seguros e confiantes de que estávamos prontos para resolver suas dores, independentemente do estágio de desenvolvimento do nosso produto. No final, entregamos o projeto com excelência, e essa indústria de cosméticos se tornou uma referência para nós até hoje. O mais interessante é que esse cliente, ao longo do tempo, continuou sendo um grande defensor do nosso trabalho, recomendando nossas soluções e serviços para outras empresas no setor. Esse tipo de conexão e confiança não é construído apenas com um produto perfeito, mas, sim, com a capacidade de entender profundamente as necessidades do cliente, de criar soluções personalizadas e de fazer com que o processo de compra seja uma experiência positiva para eles.

Esse caso é um exemplo claro de como a venda acontece na mente do cliente antes mesmo de qualquer contrato ser assinado. Quando você consegue criar essa visão, demonstrar confiança e compromisso, mesmo que sua solução não esteja completa, você abre as portas para parcerias duradouras e resultados que vão além de uma única venda. Foi a nossa disposição em ouvir, entender e nos adaptar que fez com que esse cliente não apenas fechasse o negócio conosco, mas continuasse a trabalhar em conjunto ao longo dos anos.

4. Entregar e servir antes da venda concluída

Se o cliente parou para ouvir a sua proposta, parte da venda já aconteceu. Então, quanto mais passos você der para que o projeto tome forma, maiores as chances de concluir a negociação, de fato.

É cientificamente comprovado por vários estudos de psicologia do consumidor e economia comportamental que o processo de compra cria um nível de estresse. O ritmo cardíaco acelera e há uma maior produção de cortisol. Estudos sobre "aversão à perda", como os de Daniel Kahneman e Amos Tversky[2], sugerem que as pessoas tendem a se preocupar mais com a possibilidade de fazer uma escolha ruim do que com a satisfação de uma boa compra. Levando isso em consideração, um dos papéis do vendedor é deixar esse processo o mais tranquilo e seguro possível. Uma forma de conseguir isso é construir confiança e credibilidade oferecendo valor antecipadamente. Dar informações relevantes para o cliente que o deixem mais preparado para usar a sua solução e compreenda melhor sobre o processo é o tipo de entrega que cria um senso de parceria com o cliente antes mesmo de a venda ser feita, fazendo com que ele se sinta mais tranquilo para tomar uma decisão.

Ao entregar valor e servir o cliente antes da venda concluída, você deixa a percepção de que o projeto já começou.

Procurei ajudar as pessoas do meu time a incorporar essas estratégias de venda para construir conexões mais fortes. Com elas em prática, pudemos impulsionar o crescimento da nova área da Systax, que foi além de fazer transações: tornou-se expert em criar parcerias significativas e duradouras.

Existem várias técnicas para deixar a linha do fechamento quase invisível quando se entrega valor para o cliente desde o início. Nos tempos atuais, o tempo é o maior ativo de qualquer pessoa. A cada ação que o cliente dá, desde a reunião inicial, devemos

---

[2] **Kahneman, D., & Tversky, A.** (1979). *Prospect Theory: An Analysis of Decision under Risk.* **Econometrica**, 47(2), 263-291. DOI:10.2307/1914185.

considerar o projeto como iniciado. Se ela investe tempo para ouvir você, passa diversas informações, colhe dados... na prática, é muito mais fácil não ter de ficar repetindo esse processo com outros fornecedores.

Uma das estratégias que ajudaram a consolidar essa abordagem na Systax foi a construção de uma ferramenta que comparava as informações do cliente com a nossa base de regras fiscais. Ao realizar uma prova de conceito gratuita, oferecíamos um diagnóstico detalhado das inconsistências fiscais da empresa. Mas o verdadeiro diferencial estava em nosso foco: não nos limitávamos a mostrar apenas os erros que expunham o cliente ao risco de autuações fiscais. Também buscávamos identificar situações em que o cliente estava pagando tributos indevidamente ao fisco. Esse tipo de análise proativa não apenas eliminava potenciais problemas, mas também demonstrava que a solução poderia se pagar sozinha, recuperando valores perdidos. Eu me lembro de um caso marcante com uma rede atacadista em São Paulo. Durante a prova de conceito, identificamos uma série de tributos federais, especialmente relacionados a PIS e COFINS, que estavam sendo pagos a maior. Quando finalizamos o diagnóstico, o cliente recuperou o equivalente a dez vezes o custo do projeto! Esse resultado não só garantiu a venda do projeto, mas também consolidou a percepção de que nossa solução ia além da simples correção de erros fiscais – ela gerava um retorno financeiro tangível e imediato para o cliente. Essa abordagem transformou nossa relação com os clientes. Ao entregar valor desde o início, nós praticamente eliminamos as objeções mais comuns, e o cliente percebia que o projeto já havia começado antes mesmo de o contrato ser formalizado. Isso também mudava a dinâmica das reuniões. Cada interação com o cliente deixava claro que, ao investir tempo conosco, ele já estava iniciando um processo de transformação em sua operação.

Com essas práticas, ajudei a equipe da Systax a incorporar essa mentalidade de "servir antes de vender". Isso impulsionou o crescimento de uma nova área dentro da empresa, que foi além das transações pontuais e se tornou especialista em criar parcerias duradouras e significativas. Quando você demonstra ao cliente que está comprometido com o sucesso dele desde o primeiro contato, o fechamento da venda torna-se quase uma consequência natural do processo. Ao entregar valor continuamente e construir confiança, a linha entre a pré-venda e a venda formal desaparece. O cliente se sente mais seguro, e o processo de decisão ocorre de maneira muito mais fluida e eficiente. Em vez de repetir os mesmos passos com outros fornecedores, o cliente percebe que já avançou o suficiente com você – e essa percepção é o que faz a venda acontecer, não no papel, mas na mente dele.

5. Deixar o cliente sentir que o problema foi resolvido

Quando um cliente nos procura com uma necessidade urgente, o mais importante é fazer com que ele sinta, desde o primeiro contato, que o problema já está sendo resolvido. Em vendas corporativas, quando a demanda é passiva – ou seja, quando o cliente vem até você porque está enfrentando uma necessidade crítica –, o segredo é simples: não o deixe com dúvidas. Quanto mais rápido ele sentir que você está no controle da situação, mais fácil será fechar a venda. E garanto a você: essa sensação de alívio é fundamental. Um atendimento eficiente, direto e técnico faz toda a diferença. Se o cliente sente que está sendo enrolado, ou que as dúvidas dele não estão sendo respondidas, ele vai continuar procurando outras opções, mesmo que você tenha a melhor solução. E isso é algo que aprendi ao longo da minha trajetória.

Um exemplo disso foi quando uma grande construtora nos procurou porque precisava de um assessment completo para a implementação do SPED. Eles estavam passando por aquela correria que toda empresa enfrenta quando tem uma nova obrigação fiscal batendo à porta, e as dúvidas eram muitas. Quando eles me ligaram, eu sabia que era uma daquelas situações em que o tempo era crucial. A equipe da construtora já estava no limite, com prazos apertados e um volume de informações que parecia uma avalanche. Então, meu objetivo era claro: responder a todas as dúvidas deles ali, no telefone mesmo, e já endereçar tudo o que fosse possível. E foi exatamente o que aconteceu. Durante a ligação, fui esclarecendo ponto por ponto, explicando como a nossa solução poderia ajudá-los a superar cada desafio que o SPED trazia. Não foi uma simples conversa técnica. Eu estava conectando com o que eles realmente precisavam: segurança, rapidez e um suporte que tirasse o peso da responsabilidade dos ombros deles. E sabe qual foi o resultado? Eles se sentiram tão aliviados e seguros que o fechamento foi praticamente imediato. A venda aconteceu ali, no telefone, porque eu consegui fazer com que eles se sentissem resolvidos.

Esse é um exemplo perfeito de como o processo de venda, muitas vezes, é emocional. Claro, tem a parte racional, a solução técnica, o preço competitivo, mas o que realmente faz a venda acontecer é o cliente sentir que o problema está sendo resolvido naquele momento. Ele precisa sentir que está sendo ouvido, que suas preocupações são legítimas e que você tem o que ele precisa. O mais interessante é que, depois dessa ligação, não houve mais aquela troca de e-mails infindável, reuniões para revisar a proposta, ajustes no escopo... Nada disso. Eles sentiram que o problema estava endereçado. E essa é a sensação que buscamos sempre proporcionar: que o projeto já começou desde o primeiro contato. O cliente não quer sentir que está "apostando" em você, ele quer ter a certeza de que está tomando a decisão certa, e a melhor forma de fazer isso é deixar claro que você já está entregando valor, mesmo antes de o contrato ser assinado.

Isso se conecta muito com os estudos de neurociência aplicada a vendas, que mostram que as emoções são o motor das decisões de compra. Não é apenas questão de preço ou de características técnicas, é o que a pessoa sente durante o processo. Se o cliente se sente acolhido, atendido e seguro, ele vai tomar a decisão de compra de forma muito mais rápida. Pesquisas de neurocientistas como Antonio Damasio mostram que, sem as emoções, a tomada de decisão fica muito mais lenta e complicada. Então, a nossa missão, como vendedores, é facilitar esse caminho.

Por isso sempre orientei o time a não esperar que o cliente se sinta resolvido só depois de fechar o contrato. Desde o primeiro contato, nosso foco é entregar valor, esclarecer dúvidas e deixar o cliente seguro de que a solução está nas nossas mãos. E isso não só aumenta as chances de fechamento, como também encurta muito o ciclo de vendas.

Um dos pontos que sempre reforço é que o atendimento técnico e rápido faz toda a diferença, especialmente quando a demanda já está ali, pulsante. Se você demora para responder ou deixa o cliente no vácuo, ele vai seguir procurando. Mas se, no primeiro contato, ele já se sentir atendido, a venda praticamente já aconteceu na cabeça dele. Isso é algo que eu trouxe para dentro da equipe de vendas da Systax. Desde o início, implantei essa mentalidade de atender, resolver e entregar valor o quanto antes.

Hoje, quando olho para a equipe, vejo que construímos uma cultura em que o foco não está apenas em vender, mas em resolver os problemas do cliente antes mesmo de ele fechar o contrato. Isso cria uma conexão emocional forte e faz com que o cliente se sinta seguro e valorizado. Não estamos aqui só para vender um serviço, estamos para construir uma parceria de longo prazo. E é isso que nos diferencia no mercado. No caso da grande construtora, o que fez a diferença não foi só a solução técnica que oferecemos, mas o fato de que eles se sentiram ouvidos e atendidos desde o primeiro minuto. Isso é o que transforma uma conversa em venda e uma venda em uma relação duradoura.

Sozinha, eu fui longe, mas com a minha equipe, descobri que podíamos ir além do imaginado.

12

A sina de ser a primeira

Os desafios da mudança de empresa foram superados com o que vinha se tornando a minha marca registrada: resultado. Agora eu colhia frutos liderando uma área em expansão, que tornou a mais importante da empresa.

Para construir essa base sólida, comecei pela implementação de um CRM robusto, essencial para organizar e otimizar o pipeline de vendas. Em paralelo, estruturei toda a área comercial e de marketing, desde o desenvolvimento da primeira proposta até a criação de uma metodologia de "máquina de vendas". Essa abordagem combinava estratégia focada em escalar resultados continuamente, mesmo quando o produto ainda não estava finalizado, pois, como eu conhecia tecnicamente, recrutava consultores freelancer para complementar os levantamentos que a solução ainda não alcançava, e isso fazia com que nossos serviços agregassem valor imediato. Ao tocar as frentes de marketing e vendas com meu time, consegui não apenas acelerar o crescimento, mas também aumentar consistentemente os resultados da empresa. Tudo isso contribuiu para transformar a área em um verdadeiro motor de crescimento para a empresa, posicionando-a como referência no mercado.

Ter resultados positivos em mais uma organização, provando ser capaz de implementar com sucesso uma área inovadora, fez com que eu consolidasse o meu lugar no mercado e seguisse com a minha autoestima profissional elevada.

A postura que mantive desde a infância de me permitir ocupar qualquer espaço e não me colocar limites estava funcionando. Se a vida que temos é reflexo da nossa mentalidade, sou prova disso. Por nunca ter acreditado que meu destino já estava traçado ou que não passaria dos limites da periferia, vinha acumulando títulos de "a primeira da família". Fui a primeira da família a trabalhar em grandes empresas, a ter um apartamento próprio, a terminar a faculdade, a ser uma executiva. Claro que com mentalidade alinhada a trabalho intenso, pois é na ação que é possível fazer acontecer.

O próximo título que estava na minha lista era "a primeira da família a ter um MBA". Mas meu plano não era tão ambicioso desde o início. Eu imaginava fazer apenas uma pós-graduação em vendas. Assim, pesquisei algumas escolas e fui fazer minha inscrição na Fundação Getúlio Vargas, a famosa e conceituada FGV. No momento da entrevista, fiquei morrendo de medo de não ser aprovada. Apesar de ter sido "a primeira da família" a ter diploma universitário, o que era motivo de orgulho e vitória para mim, meus pais, minhas tias e tios, eu sabia que não impressionaria ninguém no mundo acadêmico. Afinal, eu tinha concluído minha graduação em uma faculdade de segunda linha. Meu medo era de que aquilo pesasse contra a minha candidatura à pós-graduação.

Estava enganada, ainda bem. O maior interesse da universidade era saber sobre a minha trajetória profissional. Quando discorri sobre a minha atividade profissional e experiência, soube que o curso que eu queria fazer não era o mais indicado. E, não, essa não foi uma má notícia.

"A formação que você quer fazer não vai agregar muito. Recomendo que você se inscreva no Master", foi o que ouvi da entrevistadora. Assim, subi minha régua e fui para a turma de MBA. Detalhe: a mensalidade do curso custava praticamente o dobro do valor da pós. E, mesmo tendo um bom salário mais comissões como gerente, eu não tinha como fazer a conta do meu orçamento fechar se tivesse de desembolsar aquele valor surreal para mim.

Postergar a minha especialização até que eu tivesse aquele dinheiro estava fora de cogitação. Então, tratei de dar o meu jeito. Fui falar com o sócio da Systax, já com uma proposta engatilhada de eu pagar 40% do valor, e a empresa, 60%. E, em todo mês que eu batesse a meta, eles pagariam 80%. Acordo fechado, tratei de fazer minha matrícula e focar em bater meta todos os meses. Nada diferente do que eu já tinha como objetivo, mas agora havia um motivo a mais.

No primeiro dia de aula, confesso que me senti intimidada. Cheguei na sala me sentindo inferior e me perguntando o que estava fazendo naquela sala cheia de diretores! Eu me sentia um peixe fora da água naquela turma que considerava muito melhor que eu, mais bem preparada, de alto nível mesmo, com instituições top de linha no currículo, viagens internacionais e uma experiência de vida anos-luz mais sofisticada que a minha.

O primeiro projeto que tivemos de fazer consistia em criar um negócio do zero. A sala foi dividida em grupos, e cada um deveria dar suas ideias. A melhor seria executada pela sala inteira.

Minha ideia foi a de criar uma empresa que prestasse serviço de guarda-roupa compartilhado – algo que surgiu a partir da minha própria experiência e necessidade. Como executiva, minha vida profissional sempre envolve reuniões com clientes, eventos e diversas ocasiões em que preciso estar bem-vestida. É inviável ter tanta opção de roupa e ficar o tempo todo investindo em novas peças. Então, minha ideia consistia em enviar para a casa da cliente uma malinha com roupas que ela pudesse escolher para usar na semana, com direito a consultoria de imagem e tudo. Dessa forma, ela poderia sempre ter novas opções e investiria um valor bem mais baixo, cerca de dez por cento do valor de uma peça nova. Não apenas o meu grupo adorou o modelo de negócio como essa foi também a ideia mais votada pela sala. Todos acharam que faria sentido um serviço desses na cidade de São Paulo para o público de executivas. Assim, o projeto do armário compartilhado foi colocado em execução – chegou até a participar de uma rodada de investidores da GV Angels.

Comecei a entender que até poderia ser inferior na origem, tendo vindo de classe social mais baixa, inferior no nível de escola que frequentei, mas não era inferior naquele lugar. Apesar da minha origem, cheguei até ali e tinha mérito por isso. O conhecimento que acumulei, a minha experiência de vida e a minha visão estavam sendo valorizadas. Até mesmo o meu conhecimento, mais técnico, na matéria do tributário, foi motivo para que eu me destacasse, uma vez que muitos dos meus colegas não tinham a menor intimidade com os conceitos. Aliás, eles não se conformavam de eu dominar uma coisa "tão chata" e gostar daquilo. "Como você pode trabalhar com isso, Thaís?", eles me perguntavam. Eu dava risada e, às vésperas da prova, para salvar meus amigos daquele martírio, juntei toda a turma no auditório da Systax, chamei o meu diretor e demos um curso de tributário para que eles pudessem fazer a prova sem dúvidas.

Depois de oito meses de MBA, eu seguia batendo meta atrás de meta na empresa, o que me garantia 80% do curso sendo bancado pela Systax. Veio, então, uma promoção. Eu estava esperando me tornar gerente sênior, o que seria um upgrade no meu cargo, mas fui promovida a diretora! Foi uma alegria, que compartilhei com meus colegas de curso. E, com um bom trabalho realizado pela assessoria de imprensa, a notícia da nova diretora da Systax saiu em vários veículos de peso. Quanto orgulho!

Além de reforçar ainda mais minha autoestima profissional – por meio da fortaleza do aprendizado –, acabei fazendo muitos amigos no MBA e abrindo o meu mundo para uma nova realidade. Minha rotina não era fácil, você pode imaginar. Eu trabalhava, fazia MBA e minha mãe me ajudava com as crianças durante a semana; e aos sábados, para eu estudar, eles ficavam com o pai. Meu marido tinha um emprego como analista de suporte, o que nos garantia um bom convênio. Ele chegava mais cedo e ficava com as crianças, até que lá pelas nove horas da noite eu punha os pés em casa. Naquele tempinho que tinha, procurava compensar o tempo longe dos meus filhos. Fazia o que eles queriam. Era sempre muito intenso – e eles lembram até hoje desses nossos momentos. Ainda bem! De brincar de esconde-esconde a me envolver em trabalhos da escola, especialmente aqueles que pediam criatividade. "Espera a sua mãe chegar e vê com ela", o pai deles dizia.

Se minha vida era trabalho, casa, família, trabalho, sem muito tempo nem permissão para diversão, por causa dos princípios da igreja, agora eu tinha uma vida social. Depois das aulas, seguíamos para algum barzinho. Eu, que não era de beber, acabei me apaixonando por vinho. Fui entendendo alguns códigos desse mundo de gostos mais requintados e ampliei o meu repertório – o que me ajudou até mesmo nos relacionamentos com clientes. Passei a falar a mesma língua que eles. Entender de vinho, por exemplo, identifiquei como um diferencial competitivo. Eu estava totalmente envolvida e motivada com aquele novo mundo que expandia minha visão de mundo e minhas possibilidades de crescer ainda mais.

Houve um momento em que passei a me empolgar muito mais com uma reunião de trabalho do que com chegar em casa. Ou com uma reunião com amigos do MBA do que com conversar com meu marido. Não estava me reconhecendo e comecei a achar que havia me tornado um monstro. Se eu amava meus filhos, por que não tinha vontade de voltar para casa? Resolvi levar essa questão para a minha psicanalista. Voltei para a terapia. Falei com a Adriana: "Não sei o que está acontecendo comigo. Estou desesperada, com medo dessa falta de amor".

Fizemos uma investigação profunda para entender o motivo desse esforço enorme que eu fazia para estar com meus filhos. Em casa, eu me sentia como se estivesse num filme, atuando, gastava uma energia enorme para ficar ali. Até que um dia, após uma conversa com meu marido, eu olhei no espelho e falei para mim mesma: "Isso não é um casamento..." É isso. Naquele momento, cheguei a uma conclusão dura de aceitar: meu casamento tinha acabado. Era difícil por todas as razões de quem sonhou com o "felizes para sempre", e, no meu caso, porque me fazia romper com uma instituição a qual eu segui a vida inteira, a igreja.

A decisão de encarar essa realidade me trouxe um turbilhão de emoções. Senti medo, culpa, tristeza, mas também certo alívio por finalmente admitir para mim mesma o que já não podia ser ignorado. Cada dia se tornava uma batalha interna entre manter as aparências e buscar a minha própria felicidade. Conversar com meus filhos sobre o que estava acontecendo foi um dos momentos mais desafiadores; queria protegê-los de qualquer dor, mas sabia que a sinceridade era necessária.

Além disso, enfrentar a possível reação da igreja e da nossa comunidade era assustador. Temia o julgamento, a incompreensão e a perda de laços que foram construídos ao longo de anos. Contudo, percebi que não podia continuar vivendo uma vida que não refletia mais quem eu era. Entendi que, para ser uma mãe melhor e uma pessoa mais autêntica, eu precisava ter a coragem de fazer mudanças difíceis.

A terapia, mais uma vez, me ajudou a reconstruir minha identidade fora das expectativas que carreguei por tanto tempo. Aprendi que o fim de um casamento não significa o fracasso de uma vida, mas pode ser o início de uma nova jornada de autodescoberta e crescimento. Embora o caminho adiante seja incerto, eu me senti mais preparada para enfrentá-lo com honestidade e esperança.

"Eu só tenho uma vida. Eu estou aqui para ser feliz. Não dá para viver infeliz, sem vontade de voltar para casa. Não posso. Não posso manter uma situação que não vai me fazer feliz. Então que Deus é esse que vai me punir por eu terminar um casamento? Que Deus é esse que não me quer ver feliz?" A partir dessa visão, rompi com a igreja e fui buscar minha felicidade. Ganhei mais um título de "a primeira da família", agora por me separar.

Ser a primeira exige coragem, mas também abre caminho para que muitas outras venham depois.

13

Meu papel como liderança feminina

Terminar um casamento não é fácil para ninguém, e comigo não foi diferente. Passei por todos os desafios emocionais e práticos de ter um ex-marido, assumir a guarda das crianças, com a minha rotina corrida, e me dedicar para que meus filhos sofressem o mínimo possível com o término da relação. Eu queria fazer com que tudo continuasse funcionando. Minha vida de executiva, agora como diretora, continuava precisando de mim – e eu também precisava dela, tanto para manter minha sanidade mental – trabalhar sempre me fez bem – quanto para garantir que nada faltasse para minha família.

Se na minha vida pessoal o clima estava conturbado, na profissional o mercado para produtos de tecnologia na área tributária passava por um momento de aquecimento. Eu seguia fazendo o meu trabalho, focada, dedicada, porque foi dessa forma que sempre consegui os resultados que provaram o meu valor e me permitiram furar a bolha social.

Uma característica que tenho é a de não fazer nada mais ou menos, porque nunca quis pouco da vida. Então, coloco vibração e empolgação e curto a vida que eu tenho tal como ela me aparece. Sou intensa. É como se eu tivesse um olhar no presente e outro no passado, vendo aquela menina que sonhava em viver uma vida melhor, mas não tinha condições de imaginar aonde chegaria, muito menos que viveria do jeito que eu estou vivendo hoje. Então, eu me sinto grata, sabe? E tudo me faz crer que essa energia vai gerando mais e mais resultados. Inclusive, é o que diz um estudo da Universidade da Califórnia[3]: pessoas que expressam gratidão regularmente têm mais chances de atingir suas metas, tanto pessoais quanto profissionais, por estarem mais motivadas e resilientes diante dos desafios. Posso dizer que é exatamente o que acontece comigo. Percebo que a gratidão tem esse impacto direto no aumento do meu bem-estar e sucesso pessoal, aumentando a minha capacidade de realização. Minha trajetória na Systax é uma prova disso. Fui grata àquela oportunidade de mudança, e o que eu enxergava como promissor passou a se tornar real.

De fato, fiz a mudança certa no momento certo, e valeu a pena manter-me firme em todos os momentos de dificuldade, sustentada no mantra "faz parte do meu desafio". A minha área realmente cresceu muito e se tornou a "menina dos olhos" da empresa, como era previsto e desejado. Eu tocava toda a área

---

[3] http://www.success.com/4-science-backed-reasons-gratitude-brings-you-happiness/

comercial e já tinha me envolvido na estruturação de marketing. As grandes contas da empresa eram minhas e do meu time. Nosso canal de vendas estava redondo, vendendo muito, e eu vinha me desenvolvendo mais e mais como gestora, imprimindo minha marca "zero autoritária" e "totalmente colaborativa".

Resumindo: os sócios estavam muito satisfeitos com o meu trabalho e me tornei imprescindível ali – foi o que concluí quando fui chamada para uma reunião e me apresentaram uma proposta tentadora: tornar-me sócia da Systax, recebendo uma parte das cotas da empresa. Eu não investiria nada naquele momento. Receberia as cotas e, apenas em caso de a empresa ser vendida, pagaria minha parte para os sócios. Na minha visão, apesar de toda decisão como essa ter um risco, eu não tinha nada a perder, porque o mercado estava em ascensão e, se dependesse de mim, iríamos prosperar cada vez mais. Aceitei a proposta e passei a fazer parte do contrato social.

A notícia repercutiu e, mais uma vez, lá estava eu nas páginas dos veículos de comunicação especializados sendo apresentada como a nova sócia da Systax. Isso não foi apenas motivo de orgulho, mas uma honra. Ser a única mulher e negra entre os sócios daquela empresa que estava se tornando referência no seu segmento me gerou uma profunda sensação de realização! Em um ambiente tradicionalmente dominado por homens, minha presença representava uma quebra de paradigmas, além de uma importante conquista pessoal e profissional.

Esse reconhecimento não foi apenas um marco para a minha trajetória, mas também uma prova de que a diversidade e a inclusão são essenciais para o crescimento e a inovação para as empresas. Cada reunião, cada decisão estratégica e cada conquista da qual participei na Systax foram para mim um reflexo do impacto positivo que a diversidade pode trazer. Através da minha presença, senti que abri portas e fui pavimentando o caminho para outras mulheres e pessoas negras, demonstrando que a determinação, o talento e a visão podem superar barreiras e criar oportunidades em qualquer ambiente.

Com a nova posição, meu papel na empresa se transformou profundamente. Além de liderar as operações comerciais e de marketing, agora eu tinha uma responsabilidade direta sobre a estratégia de crescimento da Systax. Comecei a trabalhar ainda mais próxima dos sócios-fundadores, participando de reuniões estratégicas e colaborando em decisões críticas que moldariam o futuro da empresa. A dinâmica do ambiente mudou, pois as expectativas eram ainda maiores. Meu compromisso com o sucesso da Systax se fortaleceu, e percebi que cada passo dado era crucial não apenas para o meu crescimento pessoal, mas para o sucesso coletivo da empresa. As novas responsabilidades exigiam uma visão mais estratégica e uma dedicação ainda maior para garantir que a Systax alcançasse suas metas audaciosas.

A jornada não foi fácil, e a pressão aumentou conforme a empresa continuava a se expandir. No entanto, a colaboração e o esforço conjunto da equipe tornaram-se mais evidentes do que nunca. Juntos, enfrentamos desafios e celebramos conquistas, e a sensação de realização ao ver o crescimento da Systax era imensamente gratificante.

A experiência de ser sócia me trouxe uma nova perspectiva sobre a importância da liderança, da inovação e da resiliência no mundo dos negócios. Cada conquista foi um reflexo do trabalho árduo e da dedicação, e a Systax passou a ser um verdadeiro exemplo de sucesso, graças ao esforço e à paixão investidos por todos nós.

Como a única mulher entre os sócios da Systax, minha presença foi marcada por uma abordagem única que mesclava liderança com um profundo senso de cuidado e empatia pelos colaboradores. Embora não fosse oficialmente responsável pela área de recursos humanos, assumi um papel de matriarca na empresa, sendo um ponto de referência e apoio constante para todos. Minha atuação se destacou pela capacidade de trazer ideias de impacto que promovessem o bem-estar e a união da equipe.

Lembro-me claramente do dia em que estávamos prestes a atingir a marca de duzentos colaboradores em nosso novo escritório recém-reformado. Embora a empresa oferecesse vale-refeição para que os funcionários almoçassem nos restaurantes próximos, a realidade era que muitos precisavam vender o vale para complementar a renda familiar e, por isso, acabavam levando marmitas, as quais comiam frias. Quando eu soube dessa situação, imediatamente me empenhei para encontrar uma solução. Após uma busca minuciosa pelos restaurantes da região, consegui encontrar um espaço disponível em um restaurante próximo e persuadi os outros sócios a alugar esse local. Além disso, adquirimos dois micro-ondas para disponibilizar para os colaboradores. O espaço, que estava em desuso, trouxe benefícios adicionais para o restaurante, criando uma situação vantajosa para ambas as partes. A novidade foi extremamente bem-recebida pelos colaboradores, que ficaram muito gratos por poder contar com um local adequado para aquecer suas refeições. Esse gesto não apenas melhorou a qualidade de vida no dia a dia dos funcionários, mas também reforçou o compromisso da empresa com o bem-estar de todos.

Eu cuidava daquilo que estava além das funções tradicionais, como a compra de coroas de flores, para expressar condolências em caso de falecimento de familiares dos colaboradores, organizava festas mensais para os aniversariantes e celebrações para reconhecer e valorizar momentos importantes da equipe. Esses gestos não apenas criaram um ambiente de trabalho mais acolhedor, mas também fortaleceram os laços entre os membros da equipe, promovendo uma cultura de solidariedade e reconhecimento. Cada celebração e cada ato de apoio eram reflexos do meu compromisso em cultivar um ambiente em que os colaboradores se sentissem valorizados e parte integrante da família Systax.

O papel que desempenhei como matriarca da empresa foi fundamental para criar um clima de confiança e respeito mútuo. Meu envolvimento direto em aspectos tão pessoais da vida dos colaboradores contribuiu para um ambiente de trabalho mais humano e inclusivo, reforçando a importância de reconhecer e apoiar as pessoas além das suas funções profissionais. Isso não apenas beneficiou a equipe, mas também ajudou a consolidar uma cultura empresarial que valorizava o bem-estar de cada indivíduo e a importância dos momentos compartilhados, fortalecendo a coesão e o espírito de equipe dentro da Systax.

O perfil de liderança que desenvolvi sempre foi profundamente inclusivo, refletindo meu compromisso em criar um ambiente de trabalho onde todos se sentissem valorizados, respeitados e, principalmente, comprometidos com o desenvolvimento da empresa. Sempre acreditei que uma liderança eficaz vai além da gestão tradicional e deve incluir a capacidade de ouvir e entender as necessidades de cada um. Manifestei isso em ações concretas, com a implementação de iniciativas que promoviam o bem-estar e a inclusão, bem como em esforços para garantir que cada voz fosse ouvida e considerada nas decisões. Fizemos várias pesquisas para compreender melhor a necessidade de todos, contribuindo para um ambiente colaborativo e inovador que refletisse os valores de respeito e empatia que considero fundamentais para o sucesso coletivo.

14

A intraempreendedora que teve... sorte?

Alguns anos depois, uma empresa global, que já era nossa parceira e consumia o conteúdo da Systax há algum tempo, fez uma proposta ao sócio majoritário da empresa, nosso CEO. O processo de negociação foi meticuloso e desafiador, refletindo a complexidade e a importância da transação. As discussões se estenderam por meses, exigindo análises detalhadas, ajustes contínuos e uma coordenação cuidadosa entre as partes envolvidas. Cada fase do processo trouxe novas demandas e considerações, e foi essencial manter a clareza e a objetividade para garantir que o acordo fosse benéfico para todos.

Finalmente, após um período prolongado de negociações intensivas, a multinacional adquiriu a parte majoritária da Systax. A transação marcou um ponto de virada significativo para a empresa e para todos nós, refletindo não apenas o valor do nosso trabalho árduo ao longo dos anos, mas também a solidez da nossa parceria com a nova proprietária. Durante o período de transição, os sócios que estavam na operação continuamos a fazer parte da empresa, desempenhando um papel crucial na integração e assegurando que os processos fossem alinhados e as expectativas fossem atendidas.

E assim, eu e mais dois sócios, mesmo após a aquisição inicial, permanecemos como sócios da Systax por mais quatro anos, trabalhando em estreita colaboração com a empresa que comprara, para garantir uma transição suave e produtiva. Esse período foi uma fase de grande aprendizado e adaptação, em que tivemos a oportunidade de moldar o futuro da empresa sob uma nova perspectiva, pois, ao final desse período, venderíamos o restante das nossas cotas.

Apesar de minoritária, a estabilidade financeira e as novas oportunidades resultantes dessa mudança permitiram que eu realizasse conquistas pessoais significativas, como a compra de um apartamento maior com uma varanda generosa, no bairro onde sempre sonhei morar, além de outras conquistas que trouxeram estabilidade financeira para minha família.

Após o período de quatro anos, na nova configuração da empresa, deixei de ser sócia e voltei a ser diretora, agora de uma multinacional. Uma nova fase se iniciou, demandando mais ainda de mim. Todo processo de compra e venda de empresa acarreta uma série de mudanças estruturais e, como gestora, eu precisei dar muito suporte ao meu time para lidar com tudo isso.

Houve quem dissesse que eu tive sorte. E, quando ouvi isso, aquela síndrome de impostora bateu fundo e me fez questionar:

"Será, então, que sou uma fraude e que nem sou tão boa assim no que faço?" Motivos não faltavam para me deixar levar por esse viés. O fato de eu não ter inglês fluente, por exemplo, sempre foi um calcanhar de Aquiles para mim. A cada conquista eu tinha, minha mente sabotadora me fazia questionar: "Como assim, Thaís? Como você conseguiu isso se não fala bem inglês?"

A terapia me ajudou a evitar cair nesse tipo de cilada. Aprendi a conhecer minhas fortalezas, a reconhecer o que eu tenho de bom e a assumir que o que eu tenho de positivo é tão bom que acaba neutralizando minhas fraquezas. Então, hoje eu tenho minhas conversas comigo mesma: "Você está louca? Você vai se diminuir? Por que tanta culpa? Você não tem o inglês, mas... e tudo o que você tem de bom que fez você chegar até aqui?" Então, eu saio do devaneio e vou para os fatos: a empresa cresceu, valorizou, e eu estive na linha de frente desse crescimento. Sou merecedora desse resultado. Claro que vou seguir batalhando para suprir o que eu ainda preciso aprimorar, por isso estudo inglês todos os dias e já estou colhendo resultados do meu esforço. Isso é ter uma mentalidade de crescimento. Mas evito cair em processos mentais que me depreciem. Se você tem algum, recomendo mudar a chave. Isso acelera resultados e muda sua energia para buscar o quer e curtir mais suas vitórias.

Se eu fosse voltar no tempo e ouvir as pessoas que achavam que eu era sonhadora além da conta... Se eu fosse pensar nos momentos em que me deixaram de lado na escola, apenas por não ser igual aos demais e ter uma cor diferente... Se eu pensasse em tudo isso como motivo para me sentir inferior, eu poderia achar que tive sorte. Todos nós estamos sujeitos a nos depreciar em algum momento – e, quando estamos no auge, o sucesso acaba gerando culpa. Não é justo.

Sorte para mim é o nome que as pessoas dão a algo que acontece quando trabalhamos duro. Só eu sei quanto empenho foi necessário para que essa "sorte" batesse à minha porta.

Não existe sorte sem persistência – e nisso sou boa! Não desisto facilmente de nada. Não desanimo antes de tentar todas as possibilidades. Sou daquelas que, diante da notícia de que o voo foi cancelado, dá um jeito de conseguir pegar outro, mesmo que digam que todos estão lotados. Há algo dentro de mim que me faz acreditar em possibilidades, ainda que elas não estejam claras num primeiro momento.

Tudo começa com enxergar as possibilidades. Depois desejar e fazer com que elas aconteçam. E, quando o que eu quero não dá certo, não vejo como azar. Viro a chave rapidinho e minha cabeça faz com que eu veja o lado positivo de não ter conseguido. Acho que é o meu lado religioso que entra em cena. Eu acredito que o melhor sempre me acontece, mesmo que não seja do meu jeito. Talvez minha sorte seja ter certeza de que Deus ou o universo ou alguma força além da minha está cuidando de mim melhor que eu mesma... mas essa força não trabalha sozinha. Então, eu preciso fazer a minha parte, que é sonhar, acreditar e fazer tudo o que estiver ao meu alcance, ou seja, estou sempre agindo.

A sorte é o nome que deram ao meu esforço incansável para criar oportunidades onde ninguém mais enxergava.

15

Exibida, sim!

Desde a minha infância colecionei situações em que me vi no alvo do preconceito. Mas eu me recordo de poucas situações. Lembro quando estava na primeira série do ensino fundamental, fui estudar em uma escola particular, num momento em que meus pais estavam ganhando um pouco mais e fizeram um esforço para me dar um estudo melhor. Um pouco antes de começarem as aulas, quando meu pai mandou cortar meu cabelo curto, para cumprir a promessa que fizera para que eu não alisasse meu cabelo na chapinha. Cheguei à escola, no primeiro dia de aula, com aquele cabelo curtinho, e todo mundo dizia que eu era um menino. Mesmo eu dizendo que não, que era menina, eles insistiam, para me provocar mesmo. Eu era diferente ali, a única preta – e, com o cabelo curtinho, parecia um menino. Desde esse dia fui deixada de lado nessa escola. Não tinha amigos, era excluída. Então, criei uma casca, fingindo que não estava vendo, que não era comigo.

O mais interessante é que apaguei situações como essa da minha vida. E talvez seja porque não tive o peso dessas memórias que me tornei uma menina nada intimidada. Sempre fui cara de pau e nunca tive vergonha de aparecer, de me expor. Só vim a me lembrar desses episódios depois que fiz psicanálise e passei por sessões de hipnose. Então, comecei a trabalhar esses traumas, a fim de entender como eles me impactaram – e não deixar que me prejudicassem inconscientemente.

O trabalho de autoconhecimento pelo qual passei foi muito importante para que eu pudesse entender melhor o meu "funcionamento" – e vejo que ele também é uma faceta da minha fortaleza do aprendizado. Aprender sobre si mesmo é tão importante quanto obter conhecimento técnico. A psicanálise fez parte de todas as grandes viradas na minha vida. Não foi um tratamento contínuo, mas, sempre que eu tive uma questão que me incomodava ou que passei por mudança importante, levei para a minha terapeuta. A fortaleza do aprendizado, por meio do conhecimento técnico, me ajudou a furar uma bolha social e foi o primeiro passo que me abriu muitas portas. Já com o autoconhecimento, tenho a oportunidade de evoluir como pessoa, ampliar a minha visão, me conhecer mais e mais e, assim, me fortalecer para dar mais passos na vida com foco nos meus sonhos e objetivos. E o mais excepcional é que o autoconhecimento é um processo contínuo e profundo que nunca termina.

A cada descoberta sobre mim mesma, sinto que meu entendimento se expande e minha capacidade de lidar com os desafios da vida se fortalece. A cada nova fase, tenho a oportunidade de evoluir como pessoa, ampliar minha visão e refinar meus objetivos. Esse processo constante de introspecção me prepara para dar passos mais seguros e conscientes em direção aos meus sonhos e objetivos. Portanto, o autoconhecimento é uma jornada que se reinventa e se aprofunda, trazendo um enriquecimento contínuo que complementa e potencializa todas as outras formas de aprendizado.

Entendi que sempre recusei a posição de vítima porque meu inconformismo não me deixava acreditar que eu tinha de escolher ser menos na vida por causa da minha cor ou da minha classe social. Assim, segui me validando e me permitindo a ponto de me tornar... exibida. Existem algumas características que soam mais como defeitos do que como qualidades em nossa sociedade cheia de regras. Ser exibida ou aparecida acaba ganhando uma conotação ruim – talvez por estar associado a querer ser mais do que parece ou a ser mais do que os outros... Há algo de ruim em se colocar nesse lugar de destaque, como se fosse de bom-tom nos esconder e não brilhar. Eu mesma tomei isso como uma verdade por um bom tempo da minha vida e não gostei de saber que alguém me considerava exibida. Ainda mais quando esse alguém era... a minha própria filha!

Na época do MBA, eu tive de fazer um trabalho da disciplina de Recursos Humanos, que consistia em montar uma revista e se colocar na capa. E para o conteúdo cada aluno teria de pedir para dez pessoas de sua convivência que citassem três pontos positivos e três pontos negativos a seu respeito. Foi recomendando escolher pessoas que se relacionassem de fato com a gente, como chefe, funcionários, filhos, marido... quanto mais pessoas próximas respondessem, melhor. E havia um segredo para fazer isso sem interferir no resultado do processo: não expressar nenhuma reação diante das respostas das pessoas. "A pessoa vai citar os pontos positivos e negativos, você vai acolher e você não vai reagir", orientou o professor.

Lá fui eu fazer esse trabalho que parecia simples, mas foi muito profundo e me move até hoje, não me esqueço dele. Uma das respostas que me abalou foi quando minha filha, na época com cinco anos, foi taxativa: "Mamãe, você é exibida". Como assim? Sou exibida? Pensei, não falei, seguindo as regras do trabalho. Acabei levando essa história para a terapia. Precisava digerir aquilo, entender se era mesmo verdade. Demorou muitos anos para que eu assumisse essa minha característica sem me sentir mal. Consegui isso quando parei de ver como um defeito, e sim como um traço da minha personalidade que pode ser tanto usado para o bem quanto para o mal. Ser exibida tem o seu lado bom, porque é um reflexo de algo bom que tenho dentro de mim, o orgulho da minha trajetória, das minhas conquistas, e não há motivo para escondê-las de ninguém. Fico muito feliz e grata quando tenho a oportunidade subir num palco e dar uma palestra para muitas pessoas, como a que fiz para o CRC, no Rio. Não faço tipo e adoro mesmo! Outra vez, na Academia Europeia da Alta Gestão, ganhei o prêmio de Executiva de Honra e fui bem feliz recebê-lo. Essa sou eu. Exibida. Minha filha estava certa.

Ao compartilhar minhas vitórias, estou não só celebrando minha trajetória, mas também desafiando estereótipos e preconceitos. A visibilidade das minhas conquistas, principalmente por ser mulher preta e de origem periférica, serve para reafirmar que é possível superar barreiras e atingir grandes objetivos, independentemente das circunstâncias iniciais. Assim, o reconhecimento das minhas realizações não é apenas uma questão pessoal, mas um passo importante para abrir caminhos e criar oportunidades para outras pessoas que vieram de contextos similares.

Minha jornada é reflexo de um ciclo contínuo de crescimento pessoal e profissional. A visibilidade das minhas conquistas não apenas evidencia que é possível superar barreiras, mas também ilustra como nossa trajetória evolui ao longo do tempo. A Thaís de trinta e cinco anos era diferente da Thaís de quarenta e cinco anos, e essa transformação ao longo dos ciclos da vida é um testemunho da evolução constante que todos experimentamos. Cada fase traz novas lições e oportunidades para reafirmar nossa identidade e reavaliar nossas crenças. Ao refletir sobre minha trajetória e o impacto das minhas conquistas, reconheço que a vida é uma jornada infinita de autoconhecimento e aprendizado. É essencial olhar não apenas para o progresso material, mas também para o crescimento pessoal, pois é através dessa compreensão profunda que conseguimos realmente abrir novos caminhos e criar oportunidades para nós mesmos e para outros. A partir disso aprendi a respeitar minha história, a validar meu jeito de ser e agir e entender que tudo o que sou é graças ao que vivi.

16

Meu mundo em expansão

Depois que furei a bolha e ocupei o meu espaço dentro dela, me dei conta de que eu estava dando apenas o primeiro passo. Um mundo de oportunidades e convites foi-se abrindo para mim e, na grande parte das vezes, eu disse "sim".

Costumo dizer que meu papel mais importante na vida é ser mãe da Esther e do Davi. Criar meus filhos com amor, valores sólidos e prepará-los para o mundo é a minha maior missão. Mais do que apenas educá-los, quero inspirá-los a serem pessoas confiantes, generosas e resilientes, para que possam traçar seus próprios caminhos com segurança e autenticidade. É claro que, como muitas pessoas, tenho outros sonhos e ambições. Quero conquistar mais, acumular experiências, conhecer novos lugares e viajar pelo mundo. Esses desejos fazem parte do que nos move, e eu não sou exceção.

Mas, além disso, sinto um profundo desejo de continuar contribuindo com meu trabalho e minha atuação profissional. Para mim, não se trata apenas de sucesso pessoal ou profissional, mas do impacto que posso gerar nas pessoas e nos projetos com os quais me envolvo. Quero ser uma agente de transformação, seja na vida de outras mulheres, seja no campo em que atuo. Continuar criando, inovando e agregando valor para o mundo ao meu redor também faz parte de quem sou. Assim, minha realização não se limita apenas às conquistas materiais, mas ao legado que deixo – para os meus filhos e para a sociedade.

Como profissional, além de diretora da Systax, tenho me dividido em diversos outros papéis. Muita gente me pergunta como dou conta de tudo ou a que horas durmo. O que eu faço é viver intensamente cada dia e mergulhar em tudo o que faz sentido para mim. Esse sentido cada vez mais tem se desenhado como a minha missão de vida. Toda vez que recebo um convite que entendo estar conectado com contribuir para o crescimento das pessoas, é como se eu voltasse ao passado e enxergasse a Thaís jovem, que sonhava chegar longe. Penso em quantas pessoas estão na mesma situação que eu estive um dia, precisando de uma inspiração, de uma mensagem de "vá em frente, que você consegue" e de apoio e conhecimento para saber como fazer. Eu uso a expressão "O trem passa, eu pulo". Não sei se vai ter o próximo, e a única certeza que tenho é de que, se eu ficar parada, estarei no mesmo lugar, mas, se eu me mover, vou chegar a algum lugar.

Em 2020, fui convidada por João Kepler para me juntar como investidora-anjo e compor a liderança de um pool de startups fundadas por mulheres, na maior venture capital da América Latina, a Bossa Invest. Esse convite veio por indicação da Carol Paiffer, uma grande amiga e CEO da ATOM/SA, com quem me conectei durante um curso de autoconhecimento. Carol, que também é uma shark do programa Shark Tank Brasil, disse: "Thaís, me pediram para indicar mulheres incríveis, e você foi a primeira pessoa em quem pensei. Alguém da Bossa vai te ligar com um convite que tem tudo a ver com você". Fiquei imediatamente curiosa e empolgada e, ao saber mais sobre o trabalho da Bossa, aceitei o desafio.

Essa oportunidade me levou a um universo completamente novo: o mundo dos investimentos. Embora nunca tivesse feito parte desse meio, minha fortaleza na conexão e minha disposição em abraçar essa indicação me impulsionaram. Hoje, além de ser investidora-anjo, também lidero o comitê Pool Ladies na Bossa Invest, onde avalio pitches de startups fundadas por mulheres ou que desenvolvem soluções para problemas femininos. Junto com o comitê, analisamos o potencial dessas startups, e as que se destacam recebem investimento.

Esse trabalho é extremamente recompensador. Não acredito que todas as oportunidades precisam trazer retorno financeiro imediato. Na Bossa, o que me fascina é a chance de compartilhar conhecimento, fazer conexões incríveis, apoiar empreendedoras e incentivar a inovação. Meu envolvimento, inclusive, foi reconhecido quando recebi o prêmio de Embaixadora da Bossa no ano passado, e, como resultado, fui convidada para integrar o primeiro conselho consultivo da Bossa Invest, representando os investidores.

A Bossa foi o ponto de partida para diversas outras atividades. Comecei palestrando no Bossa Summit e não parei mais. Já foram mais de 100 palestras e participações em painéis. Um evento bem marcante foi uma palestra no CRC São Paulo, em que falei sobre mentalidade empreendedora para profissionais e empresários da área contábil, para mais de duas mil pessoas ao vivo. Um prato cheio para a exibida que adora um palco e, mais ainda, ama compartilhar conhecimento.

Também passei a ser jurada do Desafio Jovem Sebrae, que tem como prêmio uma mentoria comigo. Sou uma grande defensora do empreendedorismo como base da educação. Acredito que as escolas deveriam ter disciplinas que ensinem os jovens a empreender, a desenvolver um plano de negócios. Imagine sair do ensino médio com uma ideia inovadora e pronta para ser executada! Algumas escolas já estão adotando esse mindset, criando oportunidades para que os jovens comecem a trabalhar e gerar renda em seus próprios negócios. Acredito que iniciativas assim têm o poder de transformar a história do Brasil de forma mais rápida e eficaz do que muitas outras ações, pois proporcionam crescimento sustentável. Ensinar o jovem a ganhar seu próprio dinheiro é muito mais inteligente e impactante do que simplesmente dar recursos. Isso constrói uma base sólida para o futuro.

Depois que eu entrei na Bossa, fiz várias conexões e virei investidora de algumas startups diretamente. Uma delas é a Woof Identidade Pet, uma empresa que desenvolve chips inteligentes para identificação de animais, na qual atuo como advisor. Também sou advisor na Oncolife, que inova no setor de oncologia, trazendo soluções de ponta para a medicina. Minha atuação vem se expandindo em diversos ecossistemas de inovação, pois aprendi a aplicar as habilidades adquiridas ao longo da minha trajetória em diferentes segmentos, especialmente nas áreas de vendas e estratégia comercial e marketing. Além disso, voltei a empreender e me tornei cofundadora da Growth Gate, que é uma consultoria especializada em marketing e vendas, focada em acelerar o crescimento e o sucesso comercial de empresas. Atuamos de maneira estratégica, desenvolvendo soluções personalizadas para cada cliente, com base nas suas necessidades específicas e objetivos de mercado. Nossa abordagem combina análise de mercado, planejamento de vendas e execução de campanhas de marketing eficientes, com o intuito de maximizar a geração de leads qualificados e, consequentemente, aumentar a conversão de vendas. Além disso, oferecemos suporte contínuo para garantir que as estratégias implementadas sejam adaptadas conforme as mudanças de mercado e a evolução do negócio.

Nosso diferencial está na nossa capacidade de unir expertise em vendas e marketing com uma visão inovadora de negócios. Na Growth Gate, juntamente com meus sócios, o Gabriel e a Leticia, acreditamos que cada empresa tem um potencial único, e nosso papel é destravar esse potencial por meio de práticas que não apenas promovem crescimento, pois estamos lado a lado com nossos clientes, atuando como parceiros estratégicos para impulsionar resultados sustentáveis e construir uma base sólida para o sucesso a longo prazo. Nós nos envolvemos e nos comprometemos com os resultados.

A convite também da Carol, sou associada conselheira do Instituto Êxito de Empreendedorismo, fundado por Janguie Diniz, um dos maiores empresários do país. No Instituto Êxito, tive a oportunidade de fazer mais conexões incríveis. A convite da líder da Câmara Feminina, Nayara Mota, que se tornou uma grande amiga, realizei uma palestra para empreendedoras periféricas no final do ano passado. Foi um momento transformador, em que muitas dessas mulheres se conectaram profundamente com a minha história. Essa experiência me inspirou ainda mais a tirar do papel a ideia de escrever meu livro e a me engajar ainda mais. Além disso, essa oportunidade me fez olhar para algo em que eu não tinha pensado: comecei a me preocupar com o acesso limitado ao crédito que essas empreendedoras têm, assim como foi com minha própria família. Isso despertou em mim uma forte vontade de iniciar uma iniciativa estruturada para oferecer suporte e oportunidades. Foi quando eu disse "Quero ser uma investidora de impacto social".

Ser inspiração para outras mulheres vai além de apenas compartilhar minha história; quero mostrar que, mesmo diante de desafios aparentemente intransponíveis, é possível avançar com coragem e determinação. Acredito que o impacto mais poderoso vem quando conseguimos oferecer, além do exemplo, os mesmos gatilhos e ferramentas que nos ajudaram a superar nossos próprios obstáculos. No meu caso, foram momentos de mentoria, apoio emocional e oportunidades de desenvolvimento que me permitiram dar os primeiros passos rumo à realização dos meus sonhos. E é justamente isso que busco transmitir a cada mulher que me procura: uma rede de suporte capaz de impulsioná-las em suas jornadas.

Esses gatilhos não são apenas emocionais ou motivacionais, mas também práticos. Quando fui ajudada a enxergar as oportunidades ao meu redor e a desenvolver habilidades específicas, como planejamento estratégico, gestão financeira e autoconfiança, percebi o quanto o conhecimento e a preparação são essenciais para transformar uma ideia em um negócio sustentável. Por isso, um dos meus maiores compromissos hoje é garantir que outras mulheres tenham acesso a esse tipo de capacitação. Se pude abrir portas com o apoio certo, sinto que é minha responsabilidade manter essas portas abertas para tantas outras que estão apenas começando. Além disso, entendo que, muitas vezes, a barreira mais difícil para essas mulheres é o acesso a recursos financeiros. Por isso, estou profundamente engajada em iniciativas que oferecem microcrédito e apoio financeiro direcionado, permitindo que essas empreendedoras não apenas sonhem, mas também realizem. O suporte financeiro é uma ferramenta crucial, pois eleva o potencial de crescimento e sustenta as bases de negócios, sem as quais talvez nunca saíssem do papel. Saber que estou contribuindo para que outras mulheres tenham essa oportunidade de prosperar me motiva todos os dias a continuar buscando formas de amplificar esse impacto.

17

Transformando contextos: uma jornada de responsabilidade e mudança

Ser mulher, negra e de origem periférica molda profundamente minha experiência e a maneira como enfrento desafios. Essas identidades não apenas são aspectos de quem sou, mas também representam contextos e realidades que me impelem a agir e a transformar os ambientes ao meu redor. Como a única pessoa negra em muitos ambientes, carrego uma responsabilidade que vai além de minha própria jornada. Minha presença em espaços onde a diversidade é limitada não é apenas um reflexo da minha identidade, mas uma oportunidade para fomentar a mudança e promover maior inclusão. Essa responsabilidade não é apenas uma questão de representação pessoal, mas de agir para transformar realidades e abrir portas para outros que também enfrentam barreiras semelhantes.

Ser mulher em ambientes predominantemente masculinos adiciona outra camada de desafio e responsabilidade. Enfrentar preconceitos de gênero e lutar por igualdade em um espaço onde as normas patriarcais predominam exige uma determinação constante para promover mudanças e abrir espaço para outras mulheres. Cada conquista não é apenas um avanço pessoal, mas um passo em direção a maior equidade para todas as mulheres.

Minha origem periférica traz um contexto que não posso ignorar. Crescer em um meio onde oportunidades são limitadas me proporciona uma visão clara das desigualdades e das necessidades de transformação social. Reconheço que minha trajetória é marcada por desafios significativos, mas também por uma responsabilidade maior de usar minha experiência para lutar por mudanças que possam beneficiar aqueles que ainda enfrentam condições adversas. E sei que existem realidades ainda mais difíceis do que a minha, o que reforça minha determinação em buscar mudanças. Não se trata apenas de superar minhas próprias barreiras, mas de usar minha experiência e posição para influenciar e transformar contextos mais amplos. Esse senso de responsabilidade me impulsiona a trabalhar em prol de uma sociedade mais inclusiva e justa, em que as desigualdades possam ser desmanteladas e as oportunidades possam ser ampliadas para todos.

Foi a partir dessa compreensão profunda das minhas próprias experiências que nasceu em mim um novo propósito. Meu novo ciclo de vida me chama a ir além da minha própria jornada de superação e a dedicar-me a ajudar a transformar o contexto de outras pessoas. Senti uma convicção crescente de que meu papel não se limita a enfrentar barreiras pessoais, mas inclui um compromisso ativo de contribuir para uma mudança social mais ampla.

Esse novo propósito é mais do que um desejo pessoal: é uma missão que me impulsiona a buscar maneiras concretas de fazer a diferença. Seja através do apoio a iniciativas de inclusão, seja por meio da promoção de políticas que favoreçam a equidade ou do engajamento em projetos que visem ampliar oportunidades, minha responsabilidade agora se estende a influenciar e transformar realidades além da minha própria. A cada passo que dou, meu objetivo é criar um impacto positivo, abrir portas e proporcionar a outros a chance de prosperar em ambientes mais justos e inclusivos. Minha jornada pode servir como um catalisador para a mudança.

Foi nesse contexto que procurei uma grande amiga, Ticiana Rolim, uma investidora de impacto incrível que conheci através das conexões da Bossa. Ticiana é fundadora e presidente da Somus Um, um programa extraordinário, do qual também sou investidora, voltado a levar recursos financeiros para empreendimentos de mulheres periféricas no Nordeste. Quando abri para Tici o meu pensamento, surgiu um convite que respondeu ao que meu coração tanto buscava: engajar-me em projetos que promovessem o acesso ao crédito e o suporte necessário para o desenvolvimento sustentável de empreendedoras em situações de vulnerabilidade. Disso saiu o projeto mais recente ao qual estou conectada – e que me emociona profundamente: o Ella Impacta, uma iniciativa global que nasceu na ONU e tem como missão principal destinar capital em larga escala e ritmo acelerado para mulheres. A primeira fase do projeto terá um investimento de

140 milhões de dólares e envolve ações como dar acesso a microcrédito e suporte de capacitação de empreendedoras; dar acesso a crédito estudantil e dar apoio a iniciativas de acesso a habitação social para mulheres.

Atualmente sou investidora e participo do Conselho do Ella com um time extraordinário, que tem o mesmo propósito e engajamento para fazer a diferença na vida de milhares de mulheres e contribuir para um mundo mais igualitário: Ticiana Rolim (presidente da Somus um), Aline Teles (vice-presidente comercial e financeira da Aço Cearense), Rodrigo Pipponzi (presidente do conselho do Grupo MOL e Comitê de Sustentabilidade da Raia Drogasil), Juliana Freitas (fundadora da Fort Brasil e do Cartão Vai Bem), Fabio Alperowitch (fundador e CIO da fama re.capital), Liane Freire (empreendedora SDG IMPACT e liderança de time do WomenLed Cities) e Nathália Arcuri (CEO e fundadora do Me Poupe).

A importância do Ella Impacta vai muito além de uma simples iniciativa de apoio financeiro. O programa se posiciona como uma força transformadora que atua em várias frentes para promover o empoderamento econômico de mulheres em situações de vulnerabilidade. Ele reconhece que o desenvolvimento pleno das mulheres não pode ocorrer apenas com palavras de incentivo, mas, sim, através de ações concretas que removam as barreiras que historicamente têm limitado seu acesso a oportunidades e recursos. Como é gratificante estar ao lado dessas pessoas incríveis, trabalhando de forma estruturada por uma causa tão impactante!

Assumi a
responsabilidade
de não só transformar
minha vida, mas
também o mundo
ao meu redor.

18

O que de melhor pode me acontecer?

No decorrer dos anos, adaptei a frase da minha psicanalista. Em vez de "O que de pior pode me acontecer", eu costumo dizer: "O que de melhor pode me acontecer?" Porque o pior também é o melhor, uma vez que sempre vou aprender com cada revés. A cada risco que eu tomei e cada dificuldade por que passei, voltei mais forte. Costumo dizer que, quando caio no buraco, vou lá no fundo poço, mas volto... e volto rápido!

Tudo o que eu consegui conquistar foi movido pela vontade de ser feliz do jeito que eu idealizei na minha cabeça, sem dar muita importância ao que era possível. Não falo de felicidade perfeita, em que nada na vida dá errado. Felicidade não é um mundo irretocável sem desafios, sem problemas. Em prol dela, muitas vezes precisamos tomar decisões difíceis e com diversas consequências com as quais precisamos lidar. A minha separação, por exemplo, me levou a aprofundar meu autoconhecimento para que eu pudesse ficar bem comigo mesma e só depois embarcar em uma vida a dois. Processos de autoconhecimento são enriquecedores, mas não são fáceis. Olhar "para dentro" nos obriga a encarar certas verdades que saltam aos nossos olhos. Mas eu acho fascinante essa busca incansável por me conhecer. Por isso, procuro estar perto de pessoas – estudiosos, filósofos – que se aprofundam no conhecimento humano. Conhecer como a minha mente funciona e me aprofundar na minha espiritualidade tem me tornando uma pessoa cada vez mais consciente do que eu realmente preciso e do meu papel nesta vida. E vejo que essa é a minha busca atual: encontrar um propósito mais profundo para tudo o que faço.

    Felicidade, na minha concepção, é encher a vida de pequenas coisas que fazem com que eu me sinta bem – de me arrumar toda para ir trabalhar a me divertir com meus filhos, de fazer festas e receber amigos, de viajar, de criar relações profissionais com pessoas queridas a criar uma estratégia redonda para um cliente e vê-lo satisfeito. Felicidade é o resultado de preencher a realidade com aquilo que seu coração diz que você merece.

    Sou muito fiel ao que me alegra de fato, porque sei que isso eleva a minha vibração. No meu caso, isso nem tem a ver com dinheiro, que considero apenas um meio, e não um fim. Então, meu foco é naquilo que eu quero fazer, nas mesas às quais quero sentar-me, nos lugares em que quero estar, na diferença que quero fazer. Isso é o que me move. A forma como vai se concretizar muitas vezes até me surpreende, por ser de um jeito em que eu nem tinha pensado. Foi assim quando mirei numa promoção para gerente sênior e acabei sendo promovida a diretora. Também aconteceu dessa maneira quando realizei, em 2024, o sonho de ir a Portugal e acabei me conectando com pessoas lá que me convidaram para fazer um evento para mulheres. Aconteceu pouco antes do fechamento deste livro, com o Ella Impacta, que me dá a chance de fazer a diferença na vida de mulheres em situação de vulnerabilidade no mundo todo. É um círculo virtuoso, em que a vibração traz alegria e vontade de fazer mais e mais. E, ao fazer, as coisas acontecem.

Há quem viva com medo de tentar e não dar certo, com medo de se expor, medo de não ser bom o suficiente, medo de errar, medo de perder, medo de passar vergonha ou se frustrar. Vejo pessoas da mesma origem que a minha, a periferia, limitando a bloqueando seus sonhos antes mesmo de tentar. Meus pais queriam me proteger de um mundo de preconceito, porque não queriam que eu sofresse. Eles achavam melhor eu não me iludir com sonhos mirabolantes – assim evitariam que meu tombo fosse grande. Nem sempre a proteção, mesmo que por amor, é a melhor escolha. A gente acha que tem o poder de controlar tudo, mas não tem. Eu ousei chegar aonde ninguém da minha família havia chegado e sou prova de que pode dar certo.

Também vejo pessoas que tiveram educação de qualidade da escola ao ensino superior e que, por algum motivo, também têm medo de tentar, de arriscar, de ousar mais para chegar aonde estão seus sonhos. Se eu consegui "largando" no final da fila, quem está nas primeiras posições também consegue. Há momentos na carreira em que ficamos em um dilema: manter a zona de conforto ou arriscar algo novo e que parece promissor? Empreender ou garantir o cargo com CLT? Muita gente me dizia que eu era louca, quando disse que abriria mão de doze anos de IOB para investir numa empresa nova e intraempreender numa euquipe. Corri o risco. Eu não tinha uma confiança racional em mim, mas alimentava uma confiança de que daria tudo certo, mesmo se desse errado.

Vejo que um dos empecilhos para furar bolhas é a necessidade de segurança. Existe uma ilusão de que é possível se proteger de frustrações e tropeços, mas a vida está o tempo todo nos colocando à prova, se agirmos ou não.

Há também quem não acredite no próprio potencial, quem não se enxergue como alguém com capacidade de conquistar um cargo de liderança, de chegar a uma diretoria ou conselho, de ser dono de uma empresa de sucesso... Nesses casos, ouça quem acredita em você antes mesmo de você acreditar. Eu fiz isso. Em muitas situações, deixei a minha mente questionadora de lado e ouvi as pessoas certas, que me deram palavras de incentivo. Uma sugestão para escolher quem você vai ouvir: pessoas que estão onde você quer estar um dia. Ouça quem já chegou lá, quem é uma prova daquilo que diz. A quem você ouve? Vou contar um segredo: o que me faz sair da toca todos os dias e buscar mais é que busco sempre um nível acima. Eu me cerco de pessoas melhores do que eu, pois não quero ser a mais inteligente da mesa. Quero aprender. Então, busque ouvir pessoas que inspirem, que façam você ampliar sua visão.

Querer sempre mais, ousar mais (sem deixar a sua condição financeira ou a síndrome de impostor) e buscar estar sempre com quem pode dar mais. Tudo isso faz parte da minha trajetória. Sei que muitas mulheres – de todas as cores e especialmente as mulheres pretas – se limitam em sua jornada. Dizer "Eu não mereço...", "Quem sou eu para conseguir isso!", "Ah, já está bom para mim...", "Tenho que agradecer e ficar na minha" não é um movimento consciente, mas o reflexo de uma série de decisões que levam a desistir antes do tempo, a parar quando há ainda muito a fazer. Para quem está nessa situação, sugiro a pergunta: "O que de melhor pode me acontecer?"

Essa pergunta, simples, mas poderosa, é o primeiro passo para abrir portas na mente e vislumbrar possibilidades que muitas vezes ignoramos. Quando nos perguntamos "O que de melhor pode me acontecer?", começamos a trocar o medo pela expectativa, e o bloqueio pela ação. A resposta a essa pergunta pode ser surpreendente: pode ser a coragem de fazer uma escolha arriscada, de mudar de carreira, de empreender ou de buscar uma posição de liderança.

Outro ponto importante é compreender que o sucesso é construído em etapas. Cada pequena vitória contribui para algo maior, e precisamos aprender a valorizar essas conquistas ao longo da caminhada. Muitas vezes, ficamos tão focadas no objetivo final que nos esquecemos de celebrar o processo. Cada degrau que você sobe importa, e, ao olhar para trás, verá o quanto cresceu e o quanto ainda pode crescer. Lembre-se de que o caminho não será linear, haverá desafios, mas eles são parte essencial da jornada. Cercar-se de pessoas que acreditam no seu potencial e seguir em frente, mesmo com medo, é fundamental. O sucesso de uma mulher preta, periférica, como eu, só foi possível porque eu decidi não me conformar com o que esperavam de mim. Furar bolhas exige esforço, resiliência, mas também uma mentalidade de crescimento constante.

Afinal, o que de melhor pode acontecer quando você finalmente decide acreditar em si mesma e buscar o que merece? A resposta é: TUDO.